식객 허영만의 백반기행

일러두기

🅿 전용 주차장이 있는 곳입니다. 전용 주차장이 없는 경우, 근처 공영 주차장을 이용하시거나 해당 식당에 미리 문의해주시기 바랍니다.

🔄 제철 음식을 즐길 수 있는 곳입니다.

🍸 술 한잔 하기 좋은 곳입니다.

● 본문의 식당 정보는 2020년 5월을 기준으로 작성되었으며, 이후 식당 사정에 따라 정보가 변경될 수 있습니다. 방문 전 전화 문의를 권장 드립니다.

● 이 책은 TV조선 〈식객 허영만의 백반기행〉 1회 강진 편부터 45회 강릉 편까지 소개된 식당들 중에서 저자가 뽑은 곳들을 소개합니다.

식객이 뽑은 진짜 맛집 200

식객 허영만의
백반기행

허영만 · TV조선 〈식객 허영만의 백반기행〉 제작팀 지음

가디언

머리말

백반은 어머니의 손맛이다

텃밭에서 기른 푸성귀를 뜯어다가
된장에 주물주물 내놓은 나물 반찬이나
바닷가에서 건져 올린 돌게를 양념에 무쳐 상에 올리거나
술 한잔 걸치고 온 아들 속을 풀어주려고 끓여낸 시래깃국이나
어머니는 있는 것들만으로도 맛있는 밥상을 차려주었다.
그렇게 차려진 밥상을 찾아 떠난 백반기행은
어머니의 손맛을 찾아가는 여정이다.
채반에 고봉으로 담겨 나오는 어머니의 정성을
무엇에 비기겠는가.
골골마다 집집마다 제철에 나는 것들로 차려진 밥상을
마주하면 나는 행복해진다.

2020년 5월
허영만

네티브는 몇번 만났었는데 지방까지 집집마다
모이, 다르다는걸 알았었다. 큰 소득이다.
강진의 OOO 돈까스가 그랬고 서산의 OO식당이 그랬고
제주 중문의 OOO식당이 그랬다.
내 입맛을 믿기에 찾는 네티브는 무조건이다.
맛은 그 네티브 명성에 따르기에.
네티브를 즐길수 있는 비법은 찾았다.
앞으로의 만찬이 기대된다.

차례

머리말 백반은 어머니의 손맛이다 4

서울

충무로

잊지마 식당	14
사랑방 칼국수	16
충무로 청국장	17
통나무집	18
성원 식품	19

서대문

연희 미식	20
철길 떡볶이	22
소문난 홍가네 냉면	24
연희동 야식 포차	25
28 총각	26

망원 | 합정

퓨전 선술집	27
일등 식당	28
고향집	30
너랑나랑 호프	32
시골 순대	33

용산

진주 식당	34
털보집	36
아성 녹두 빈대떡	37

여의도

솔	38
서궁	40
대원 앤 대원	42
장미의 집	44
부흥 동태	46
영원 식당	47

종로

부산 횟집	48
승우네 식당	50
평원 숯불갈비	51
유진 식당	52

을지로

나드리 식품	54
골목 식당	55
동원집	56

남산

약수동 춘천 막국수	58
구이 마당	60
은성 보쌈	61
털보네 꼼장어	62
원조 칼국수 보쌈	64

성북

신신 식당	66
국시집	68
달밝은집	70
새천년 호프	72
전통만두국 이상조	73

동묘 | 동대문

우남 식당	74
광주 식당	76
천일 삼계탕	78
경상도집	80
금문장	82

서촌

창성 갈비	83
해장국 사람들	84
경동맛집	86
별미 곱창	88

신사동

개화옥	90
영동 설렁탕	92
압구정3번출구 닭꼬치	93
돌곰네	94
해남집	96
금성스테이크 부대찌개	98

광진

우성 식당	99
고향집	100
어울림(여수집)	102
용문2호집	104
해남닭집	106

이태원

이태원 숯불 바베큐치킨	107
시장 회집	108
바다 식당	110
할매 보리밥집	112

인천 & 경기도

인천

돈타래 게장정식	116
경인 면옥	118
등대 경양식	120
송미옥	122
명월집	124
군봉 묵은지 김치찜	126
대전집	127
삼강옥	128
문화 반점	129
토시살 숯불구이	130

강화도

토가	132
강화집	133
돌기와집	134
봉천 가정식 백반	136

수원

남보원 불고기	138
열구자	140
골목집	142
명성돼지갈비	144
연밀	145

강원도

춘천

샬롬 분식	148
원조 숯불 닭불고기	150
다윤네집	152
회영루	154
춘석이네	156
신흥 막국수	157

삼척

울릉도 호박집	158
미조리 횟집	160
한우 실비 식당	161
남궁 스넥	162

인제 | 평창

매화촌 해장국	164
산채촌	166
아승 순메밀막국수	168
동양 식당	170
부산 식육 식당	171

강릉

항구마차	172
주문진 해물국수	174
미경이네 횟집	176
철뚝 소머리집	178
벌집	180
콜롬보 식당	181

대전 & 충청도

대전

진로집	184
소나무집	186
형제집	188

단양

가마골 쉼터	190
대산 원조 마늘 순대	192

제천

덩실 분식	193
제천 시락국	194
시골 순두부	196

서산

쉼터 식당	198
지은이네 태진호	199
정성 맛집	200

공주

늘푸른솔	202
청양 분식	204
시장 정육점 식당	206
무궁화 회관	208
계룡산 묵사랑	209

부산 & 대구 & 경상도

부산

중리 해녀촌	212
수복 센타	214
가마솥 돼지국밥	216

대구

미가 식당	217
삼미 식당	218
화개장터 가마솥국밥	220
장원 식당	222

안동

시골 갈비	224
효자 통닭	226

창원

은혜 추어탕	228
화성 갈비	230
휘모리	232
동방 횟집	234

함양

갑을 식당	235
청학산	236
대성 식당	238
조샌집	240

통영

훈이 시락국	242
팔도 식당	244
통영 식당	246
물레야 소주방	248
산양 식당	250

광주 & 전라도

광주

원조 두유	254
광신 보리밥	256
육전 명가	258
무등 분식	260

강진

광주 식당	262
우리 식당	264

목포

미락 식당	265
돌집	266
은지네 해장국	268
우정 식육 식당	269
가락지 죽집	270
영란 횟집	272

신안

하나로 식당	274
나들목 맛집	276

구례

한우 식당	278
당치 민박 산장	280
가야 식당	282
함지박속 흑돼지	284

순천

뚝 왕대포	285
대원 식당	286
한우 식당	288
갈마골 아구탕	290
민호네 전 전문점	292

여수		**담양**	
자봉 식당	294	청운 식당	310
남원 식당	296	원조 제일 숯불갈비	312
고래실	298	목화 식당	314
조일 식당	300	부부 식당	316
정다운 식당	302	미소 댓잎 국수	318
복산 식당	304	**전주**	
해풍 게장	306		
미로 횟집	307	서울 식당	320
추억꺼리	308	하숙영 가마솥 비빔밥	322
동서 식당	309	진미집 본점	324
		태봉집	326
		한벽집	328

제주도

제주			
삼보 식당	332	막둥이 해녀 복순이네	342
복집 식당	334	월라라	344
만덕이네	336	천짓골 식당	346
오현 불백	338	나목도 식당	348
보람 식당	340		

서울

잊지마 식당

생선구이 백반

서울시 중구 퇴계로41길 47
☎ 02-2265-4328

운영시간
00:00-24:00
휴무 없음

주요메뉴
삼치구이, 고등어구이, 임연수구이, 제육볶음

특이사항
김은 11월~5월 초까지 나옵니다.

5,000원 백반으로 직장인과 상인들의 점심을 책임지고 있는 식당으로 계절마다 요일마다 바꿔내는 국을 기대하게 한다.

주문이 들어오면 바로 굽기 시작하는 삼치, 임연수 등이 구운 지 오래된 것보다 훨씬 맛이 좋다.

사랑방 칼국수

백숙 백반, 칼국수

서울시 중구 퇴계로27길 46
☎ 02-2272-2020

운영시간
09:00-22:00
일요일 09:00-16:00
명절 휴무

주요메뉴
백숙 백반, 칼국수

푹 삶아 낸 닭과 국물을 따로 내주는 50년 내공의 백숙 백반은 가성비 최고다. 하루에 두 번 버무려 낸다는 겉절이와 칼국수 조합은 최고.

충무로 청국장

청국장, 더덕 보쌈 정식

서울시 중구 퇴계로41길 7
☎ 02-2275-7903

운영시간
11:00-22:00
토요일 11:00-21:00
일요일, 공휴일 휴무

주요메뉴
우리콩청국장 정식(점심),
더덕낙지(생굴)보쌈

서울 시내 한복판에서 쿰쿰한 청국장 냄새를 풍기며 가마솥을 걸어놓고 보쌈 고기를 삶아 내 충무로를 장악한 집. 나물 넉넉히 넣고 청국장과 함께 비벼 먹으면 어머니가 생각난다.

통나무집

주인맘 메뉴

서울시 중구 마른내로6길 16
(인현시장 내)
☎ 02-2275-9184

운영시간
전화 문의
주말 휴무

주요메뉴
주인맘 메뉴

의좋은 세 자매의 노련이 아름다운 집. 2만 원을 내면 주인이 알아서 푸짐하게 챙겨주는 정에 손님들은 너나 나나 할 것 없이 어울린다.

성원 식품

LA갈비

서울시 중구 을지로20길 36
☎ 02-2285-3865

운영시간
전화 문의
일요일 휴무

주요메뉴
LA갈비, 오징어볶음, 제육볶음

저녁 무렵 퇴근 후 하루를 마감하기에 이보다 좋을 수는 없다. 주인이 직접 구워 내주는 LA갈비의 부드러운 맛과 소주 한 잔은 환상의 조합.

연희 미식

대만식 중식 백반

서울시 서대문구 연희맛로 22
☎ 02-333-2119

운영시간
16:00–24:00
일요일 휴무

주요메뉴
교자만두, 계란볶음밥,
완자탕, 감자채볶음

뜨거운 불맛과 스피드가 생명인 대만식 가정 백반. 재료의 맛을 그대로 살려 슴슴하면서도 향이 독특한 백반 한 상은 또 다른 매력이다.

달걀볶음밥, 완탕, 교자만두를 만났다.
그중 감자볶음은 잘게 채 썬 감자를 익히는 둥 마는 둥,
손님이야 먹든 말든 볶아 내놓은 것이
지금껏 먹은 감자볶음과 너무 차이 나는 것이었다.
엄지 척! 당장 시도해볼 일이다.
여지껏 중화요리는 간격을 조금 두고 있었는데
한꺼번에 벽을 타 넘은 듯하다.
앞으로 중화요리를 좋아하겠다.
중화요리 만세, 그중 대만요리 만세!

철길 떡볶이

떡볶이, 튀김, 순대

서울시 서대문구 충정로 35-6
☎ 02-364-3440

운영시간
11:00-20:00
토요일, 공휴일 휴무

주요메뉴
떡볶이, 튀김, 순대

서울이라고는 믿기지 않는 풍경, 집고추장을 고집하며 2대째 47년을 이어온 떡볶이와 순대를 들고 기차가 지나는 테라스에 자리하면 추억이 살아난다.

기찻길이 서대문을 관통한다.
시내의 기찻길을 오랜만에 만났다. 반갑다.
분위기가 좋아서 남녀 데이트 장소로 그만이다.
어머니 대부터 47년간 운영하는 곳.
한국은 노포를 50년으로 치고 있으니까
곧 50년이 넘을 것이다.
수시로 지나가는 기차 소리가 정겹다.
스토리가 마구 생길 듯하다.
카페 아래 주인 숙소에서는
기차 소리가 우리랑 다르게 들릴 것이다.

소문난 홍가네 냉면

기계식 냉면, 차돌박이

서울시 서대문구 영천시장길 31
☎ 02-312-5013

운영시간
10:30-20:30
월요일 휴무

주요메뉴
물냉면, 비빔냉면, 차돌박이

특이사항
냉면 외의 메뉴는 가게 사정상 바뀔 수 있습니다.

손발이 척척 맞는 50년 부부, 남편이 쫄깃한 함흥냉면 면발을 뽑아주면 아내는 가지런한 고명에 육수를 부어 더운 여름을 이겨낼 시장 냉면을 완성한다.

연희동 야식 포차

홍어삼합

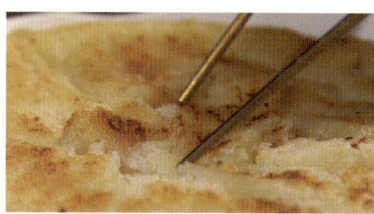

서울시 서대문구 성산로 337
☎ 02-325-4452

운영시간
전화 문의

주요메뉴
홍어삼합, 가재미찜

특이사항
감자전은 단골 손님에 한해 서비스로 드립니다.

누가 주인이고 누가 손님인지 경계가 모호한 이곳은 무엇이든 주문하면 뚝딱 만들어 내주는 어머니가 있다. 투박하고 정감 있는 선술집에는 인생 맛도 그만이다.

28 총각

돈가스 백반

서울시 서대문구 통일로 107-21
☎ 02-313-6358

운영시간
재료 소진시 마감
주말, 공휴일 휴무

주요메뉴
돈가스 백반(무한 리필)

특이사항
돈가스 백반은 점심에만 한정 판매합니다.

낮에는 돈가스 백반, 밤에는 일본식 선술집으로 변신하는 식당. 된장찌개와 돈가스의 절묘한 매력이 그만이다.

퓨전 선술집

숙성회, 생선구이

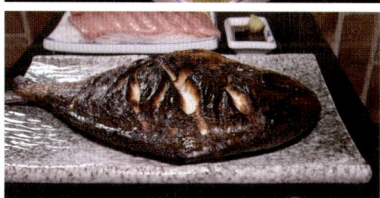

서울시 마포구 월드컵로 1길 7
☎ 02-335-4764

운영시간
18:30-01:00
일요일 휴무

주요메뉴
숙성회, 생선구이(병어·메로 등)

특이사항
메뉴 주문시 문의 필요합니다.

유명 호텔 쉐프 출신이 내주는 무조림 하나만으로 식객의 입맛을 사로잡는다. 적당하게 숙성된 민어, 참치회와 병어구이는 새로운 맛의 세계를 선사한다.

일등 식당

뼈해장국

서울시 마포구 방울내로 82
☎ 02-333-0361

운영시간
07:30-21:00
휴식시간 15:00-17:00(포장 가능)

주요메뉴
뼈해장국

동네 사람들이 보장하는 6,000원 뼈해장국. 이 맛에 이사를 못 간다는 단골 손님들이 들통, 김치통, 냄비를 들고 포장하러 온다. 맛을 보니 이유를 알겠다.

1986년 창업.
돼지등뼈고기는 씹기 좋게 무르고
들깻가루와 마늘가루로 우려낸 국물 맛은
고소하되 뾰족하지 않다.
이 맛을 찾기 위해 많은 세월이 필요했을 것이다.
이 맛을 지키기 위해 꿋꿋함이 필요했을 것이다.
백반기행은 이런 맛을 찾기 위한 여행이다.

고향집

들깨손수제비, 콩나물비빔밥

서울시 마포구 포은로8길 28
☎ 02-322-8762

운영시간
11:00~21:00

주요메뉴
들깨손수제비, 콩나물비빔밥

'싼 것이 비지떡'이라는 속담은 적어도 이 집에서는 통하지 않는다. 칼국수, 수제비의 맛도 양도 가격도 엄지 척! 망원 시장에서 가장 줄이 긴 집이다.

3,500원짜리, 그릇은 세숫대야.
들깨수제비의 고소함과 부드러움은 최상이었다.
수제비는 어릴 적 많이 먹어서 좋아하지 않는다.
어머니는 자식들에게 수제비 대신
흰쌀밥을 먹이고 싶었을 것이다.
어머니의 수제비는 들깻가루 대신
바지락을 넣어서 약간 비린 맛이 있었다.
지겹던 수제비가 그리움으로 다가온다.

너랑나랑 호프

육전, 가자미튀김

서울시 마포구 월드컵로 61
☎ 02-3141-7681

운영시간
17:00–02:00

주요메뉴
육전, 가자미튀김

일명 남도 호프집. 생맥주를 마시며 안주로 전(육전, 감자전, 깻잎완자전 등)에 매주 직접 담는 파김치와 갓김치를 곁들이면 상상을 초월하는 맛이 탄생한다.

시골 순대

막창순대, 순댓국밥

서울시 마포구 양화로1길 21
☎ 02-337-1730

운영시간
10:00-21:30
일요일 휴무

주요메뉴
막창순대, 순댓국밥

함경도 아바이순대와 전주 피순대의 장점만을 섞어 만든 막창순대. 처음에는 부담스럽지만 먹을수록 빠져드는 맛이다. 한 뚝배기 순댓국은 지역과 세대를 아우른다.

진주 식당

고등어구이, 철판제육볶음

서울시 용산구 한강대로62나길 2
☎ 02-797-8065

운영시간
11:00-22:00
휴식시간 15:00-17:00
일요일 휴무

주요메뉴
고등어구이, 철판제육볶음

특이사항
점심에는 술 주문 안 됩니다.

싱싱한 채소 반찬에 계란말이, 연탄불에서 노릇하게 구워낸 고등어구이는 옛 생각을 절로 나게 하는 백반이다. 매일 직접 만들어 손님에게 끓여낸 누룽지에는 주인의 푸근한 정이 가득 담겨 있다.

용산 삼각지는 전부터 맛있는 곳으로 유명하다.
이 집 고등어구이 백반의 고등어는 간이 그만이다.
고등어를 손질해서 물간을 하고 굽는데
연탄불에 태우지 않고 적당히 익히는 기술이 예술이다.
고등어의 비린 맛을 오이지의 매운맛과 김치의 짠맛이 조절해준다.
양이 많은 밥을 해치우는 데 같이 소비해야 할
된장찌개가 짜서 남길 수밖에 없는 것이 아쉽다.
주인 부부의 느긋함에 또 오고 싶은 집이다.
멀리서 친구를 끌고 와도 불평하지 못할 요소가 꽉 차 있다.

털보집

스테이크, 부대찌개

서울시 용산구 한강대로88길 11-3
☎ 02-793-0606

운영시간
10:00-22:00
명절 휴무

주요메뉴
모둠스테이크, 부대찌개

60년 한자리를 지켜온 아우라가 남다른 모둠스테이크의 포스. 의정부와 비교를 거부하는 부대찌개는 용산과 미군 부대의 합작품이란다.

아성 녹두 빈대떡

녹두빈대떡, 홍어전

서울시 용산구 효창원로48길 3
☎ 02-706-8238

운영시간
16:00-01:00
일요일은 전화 문의

주요메뉴
녹두빈대떡, 돌미나리전, 홍어전,
홍어찜, 홍어애탕

특이사항
'아성 꼬막 홍어 막걸리'로 검색하세요.

친정에서 직접 농사지은 녹두로 부쳐낸 녹두전에 남도의 반찬이 입맛을 돋운다. 적당히 익혀 손님의 주문에 정성스레 대접하는 홍어는 이 집의 또다른 자부심이다.

솔

김치찌개

서울시 영등포구 국제금융로8길 27-9, 2층
☎ 02-783-5568

운영시간
11:30-13:00
주말 휴무

주요메뉴
김치찌개

특이사항
하루에 정해진 양만 판매하며, 점심시간 전에 전화 예약 시에만 식사가 가능합니다.

저녁에 술을 파는 이 집은 점심에 딱 4개 테이블 예약을 받아 한정으로 김치찌개를 판다. 개인 접시에 덜어주는 계란찜과 정갈한 반찬에 조미료를 따로 넣지 않은 김치찌개가 환상이다.

점심 때 20명만 들어갈 수 있는 집이다.
예약도 해야 한다. 까다롭지만 끓여서 내는 엽차 하며
정갈한 반찬 하며 무엇보다
매우 수줍어하는 주인의 애교까지 보탠다면
오늘 못 가면 내일, 내일 못 가면 모레…
기다리고 기다려서 꼭 가볼 일이다.

서궁

오향장육, 군만두

서울시 영등포구 국제금융로 86, 지하 1층
☎ 02-780-7548

운영시간
11:00-22:00
휴식시간 15:00-16:30
토요일 11:00-21:30
일요일, 추석 휴무

주요메뉴
오향장육, 군만두

짜장면이 없는 40년 전통의 중식당으로 암퇘지 앞다리살에 팔각 열매와 간장, 마늘 등을 넣고 조린 오향장육과 겉은 바삭바삭하고 속이 촉촉한 군만두가 인기다.

새 집으로 옮긴 지 얼마 되지 않아서
40년 역사는 느껴지지 않는다.
이사하고 주방 등이 낯설어서 음식 맛에 이상이 생겼으나
2개월 고생 후 제맛을 찾았다.
이런 점이 이 집을 유지하는 바탕이다.
짠슬* 맛이 기막히다 그래서 오향장육이 맛있다.

*짠슬: 돼지고기를 조릴 때 나오는 젤라틴 성분이 굳어진 것을 말한다.

대원 앤 대원

꼬치구이, 생선구이

서울시 영등포구 국제금융로8길 34, 2층
☎ 02-784-0879

운영시간
11:00-24:00
토요일 11:00-22:30
일요일 휴무

주요메뉴
꼬치구이, 생선구이

생선구이 맛집으로 단무지와 날치알이 들어간 구운 주먹밥과 은근한 불에 오래 구워 나오는 생선구이가 일품이다. 주방장이 꼬치와 생선을 구워주는 테이블 앞에서 술 한 잔에 시름을 잊는다.

생선구이와 닭꼬치구이가 일품이다.
혼술 장소로도 딱이다.
연인과 헤어졌을 때, 직장에서
저녁때를 놓쳤을 때 이곳을 찾자.
주방장 앞 테이블에 앉아서 시간을 보내고 나면
즐거움만 있을 뿐이다.

장미의 집

냉동삼겹살

서울시 영등포구 국제금융로7길 32, 2층
☎ 02-782-2500

운영시간
11:00-21:30
휴식시간 14:00-16:30
일요일, 공휴일 휴무

주요메뉴
냉동삼겹살, 고추장불고기

냉동삼겹살로 39년 전통을 자랑하는 곳. 생삼겹살을 급냉시킨 뒤 해동과 숙성 과정을 거쳐 육즙을 살려 생각보다 부드럽다. 고추장불고기도 별미다.

1981년 오픈.

밥집 이름이 카페 이름이다.

입구에 들어서니 계산기가 고물인데도 깨끗한 고물이다.

구석구석에 먼지 하나 없다.

팬도 소켓도 너무 깨끗해서

이 집 종업원들은 매일 청소만 하나?

냉동돼지고기 전문집인데 김치 또한 일미다.

부흥 동태

동태탕

서울시 영등포구 국제금융로8길 34, 3층
☎ 02-782-7707

운영시간
09:00-22:00
토요일 11:00-15:00
일요일 휴무

주요메뉴
동태탕, 동태알탕, 동태내장전골

동태탕보다는 동태알, 내장전골을 많이 찾는데 가격은 조금 비싸지만 곤이며 애(생선 내장)가 가득 들어가 특유의 기름기가 혀를 감싸고 돈다. 시원한 육수와 얼큰한 국물이 일품이다.

영원 식당

수제비

서울시 영등포구 여의나루로 117, 2층
☎ 02-784-1866

운영시간
11:00–22:00

주요메뉴
수제비, 감자전

뽀얗게 우러난 사골 국물에 계란을 풀어 마치 떡국을 먹는 것 같은 수제비가 대표 메뉴. 배추김치, 백김치, 깍두기, 겉절이도 훌륭하다. 오징어와 부추를 넣고 노릇하게 부쳐낸 파전도 별미.

부산 횟집

미역지리

서울 종로구 돈화문로4길 38
☎ 02-2268-1317

운영시간
11:00-22:00
일요일 휴무

주요메뉴
생광어/생우럭 미역지리,
매운탕

이미 신선한 회로 유명한 집이지만 완도산 생미역으로 끓여내는 생선맑은탕을 맛보면 진가를 확인할 수 있다. 특히 생우럭미역맑은탕은 늘 먹어도 좋겠다.

미역을 넉넉히 넣고 국을 끓인다.
미역을 먼저 먹고 우럭이 익을 때쯤
국물을 뜨면 노오란 기름이 고소하다.
원래 이 부근에서 유명한 집이다.
그만큼 싱싱한 재료로 맛을 낸다.
세운 상가 부근에 가면 꼭 가야 할 집이다.

승우네 식당

시래깃국 백반

서울시 종로구 창경궁로 88-13
☎ 02-2268-8589

운영시간
아침부터-15:00(전화 문의)

주요메뉴
시래깃국 백반

고슬고슬한 돌솥밥, 푸짐한 건더기가 들어간 시래기된장국, 순두부, 청국장으로 구성된 백반이 정겨운 사람 냄새를 느끼게 한다. 푸짐한 6,000원에 광장 시장 상인들의 점심을 책임지고 있다.

평원 숯불갈비

쫄깃살

서울시 종로구 종로39길 29
☎ 02-745-2408

운영시간
11:00-23:00(주문마감 21:30)
일요일 17:00-23:00

주요메뉴
쫄깃살, 생소갈비, 돼지갈비

지방이 없어서 갈매기살과 유사한 식감이지만 훨씬 부드러운 쫄깃살은 돼지 한 마리에서 약 40g만 나올 정도로 특수 부위다. 그래서 한 테이블당 2인분씩, 하루 30인분만 판매한다.

유진 식당

평양냉면, 녹두지짐

서울시 종로구 종로17길 40
☎ 02-764-2835

운영시간
11:00-21:00
휴식시간 14:30-16:00
월요일 휴무

주요메뉴
평양냉면, 녹두지짐, 돼지수육

특이사항
점심시간(11:00-14:30)에는 테이블당 주류 1병만 판매합니다.

돼지수육과 녹두빈대떡도 좋지만 오랜 역사를 자랑하는 평양냉면이 으뜸. 순메밀로 뽑아낸 덤덤한 면에 육향이 진한 육수를 미지근하게 부어내는 평양냉면의 진수를 맛볼 수 있다.

오래전에 6,000원일 때 먹은 적이 있다.
지금은 8,000원이다.
아버지의 사진이 벽에 자리 잡았다.
그분의 값을 올리지 말라는 뜻을 지키고 있다.
맛도 지키고 있다.
낙원 상가의 시니어 극장과
악기 가게들을 둘러보고 들르면 딱이다.

나드리 식품

갈비찜, 간자미매운탕

서울시 중구 을지로33길 38
☎ 02-2274-4697

운영시간
11:00-22:00
주말 휴무

주요메뉴
갈비찜, 간자미매운탕

특이사항
예약제로 운영합니다. 그날그날 신선한 메뉴 추천합니다.

슈퍼마켓 모습을 그대로 살려 '퇴근길 한잔' 기울일 수 있는 가맥집에는 과메기, 굴, 꼬막, 메로구이, LA갈비, 스지탕 등 예상보다 다양한 제철 안주가 마련되어 있다. 음식 솜씨가 수준급이다.

골목 식당

청국장, 보쌈

서울시 중구 수표로 42-8
☎ 02-2275-7160

운영시간
08:00-손님 계실 때까지
토요일 17:00부터 영업
휴식시간 15:00-17:00
공휴일, 일요일 휴무

주요메뉴
청국장, 보쌈

듬성듬성 썰어낸 보쌈을 한 입 씹으면 탱글탱글한 비계와 살코기가 적당히 섞여서 맛있다. 사태와 앞다리 부위에 직접 담근 된장과 대파, 양파, 마늘 생강만 넣고 삶았다는 자부심이 대단하다.

동원집

감자국

서울시 중구 을지로11길 22
☎ 02-2265-1339

운영시간
09:00–22:00
토요일, 공휴일 09:00–21:00

주요메뉴
감자국

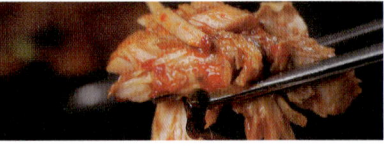

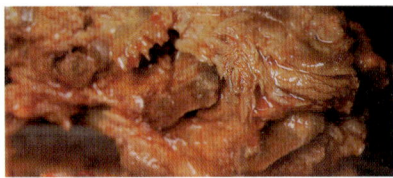

골목길 허름한 식당 앞은 항상 긴 줄이 선다. 시래기나 우거지를 넣지 않은 순등뼈 감자국이 일품. 순대가 없는 대신 두툼한 돼지머리 고기와 내장을 가득 넣은 순댓국밥으로도 유명하다.

이 집 감자국을 먹겠다고 추운 겨울에도 줄을 길게 서 있다.
"나 여기 가봤어"라고 존재감을 과시하는 곳이다.
요즘 젊은이들은 기성세대랑 달리 엉뚱한 곳에 시간을 투자한다.

약수동 춘천 막국수

이북식찜닭, 막국수

서울시 중구 다산로10길 6
☎ 02-2232-2969

운영시간
10:30-22:30

휴무일
1월1일, 명절, 명절 다음 날 휴무

주요메뉴
이북식찜닭, 막국수, 닭볶음탕

이북 출신들이 터전을 잡은 약수동에는 이북식 찜닭이 있다. 찜닭은 데친 부추와 김치를 얹어 먹으면 그만이고, 칼칼한 닭볶음탕은 소주를 부른다. 마무리는 메밀 껍질까지 갈아 구수한 막국수가 제격.

나는 닭고기를 즐겨 하지 않는다.
고기는 퍽퍽하고 기름기가 많은 것이 이유이다.
오현경 씨는 나와 반대이다.
닭고기를 무척 좋아한다.
이곳은 오현경 씨 단골집. 찜닭이 나왔다.
위에 얹어 놓은 부추는 포마드 기름을 머리에 바르고
빗질을 한 멋쟁이의 그것이 연상된다.
닭고기 맛은 훌륭했다. 고정관념을 깨는 순간이었다.
기존의 닭백숙은 기름기가 많아서 싫었는데
이놈은 기름기가 없다.
술 한잔이 생각난다.
친구랑 다시 올 일이다.

구이 마당

돼지불백, 산초된장찌개

서울시 용산구 대사관로 58
☎ 02-797-3267

운영시간
07:00–22:00
주말은 8시부터

주요메뉴
돼지불백, 산초된장찌개

땅값 비싼 한남동에서 착한 가격을 고수하고 있는 백반. 주연인 돼지불백은 7,000원에 집 나간 입맛도 돌아오게 한다는 후문. 산초된장찌개는 별미 중의 별미다.

은성 보쌈

보쌈

서울시 성동구 독서당로 297-6
☎ 02-2297-9922

운영시간
12:00-22:30
명절 휴무

주요메뉴
은성보쌈(앞다리살),
삼겹보쌈(삼겹살), 섞어보쌈

북적이는 손님으로 이미 맛집 포스를 느낄 수 있는 곳. 앞다리살을 삶아 부드러운 보쌈 고기과 생오징어를 넣어 감칠맛을 더한 보쌈김치는 환상의 조합.

털보네 꼼장어

돼지꼬랑지구이

서울시 용산구 대사관로 63
☎ 02-749-2088

운영시간
17:00-04:00
일요일 17:00-02:00

주요메뉴
돼지꼬랑지구이, 돼지껍데기,
꼼장어구이, 닭발

돼지꼬리의 특별한 맛을 볼 수 있는 곳 돼지꼬리의 고소한 맛과 쫄깃한 식감에 뼈를 발라먹는 재미까지 더한다. 주 메뉴는 꼼장어구이다.

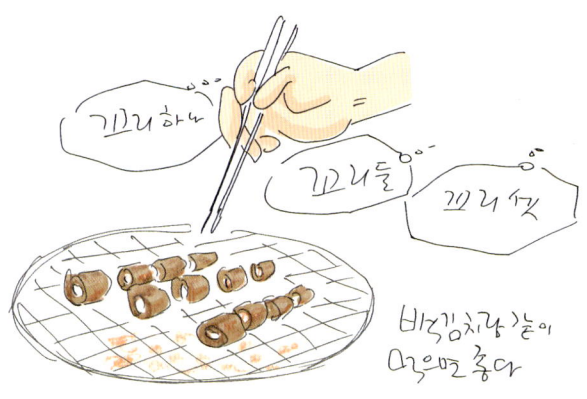

오현경 씨랑 돼지꼬랑지구이를 찾았다.

처음 듣고 처음 보는 요리.

예상대로 족발을 구운 것 같은데 기름기가 한 수 위다.

고소한 맛을 느꼈다.

원조 칼국수 보쌈

손칼국수, 콩국수

서울시 성동구 금호산2길 20-1
☎ 02-2233-7001

운영시간
11:00-21:00, 일요일 휴무

주요메뉴
손칼국수, 보쌈, 콩국수(여름)

특이사항
콩국수 면은 소면과 칼국수 면 두 가지 중 선택 가능합니다.

기본 멸치 육수에 숙성된 반죽을 칼로 썰어 탱탱한 면발의 손칼국수와 액젓 맛이 나는 양념에 잘 무쳐낸 겉절이의 기막힌 조화가 금호시장 터줏대감답다. 비계는 쫄깃하고 속살 부드러운 고기에 올려 먹는 보쌈김치는 손님들이 따로 사가지고 갈 만큼 소문났다. 국물 진한 콩국수는 여름 별미다.

여름에는 콩국수다.

고소하고 걸죽한 콩국에 가는 면이나 굵은 면을 넣어 먹는다.

어릴 적 여수에서는 국수보다 한천을 고아 만든 묵을

채 썰어 국수 대신 콩국과 먹었다.

그리운 맛이다.

서울에서는 쉽게 만나지 못하는 우뭇가사리 콩국.

이럴 때면 고향의 여름이 그려진다.

신신 식당

우렁쌈밥정식

서울시 성북구 보문로30라길 3
☎ 02-929-2913

운영시간
11:00-19:30
휴식시간 15:30-17:00
1월1일, 명절, 여름휴가, 일요일 휴무

주요메뉴
우렁쌈밥정식

메뉴는 단 하나, '우렁 각시'라 부르는 우렁 된장 쌈밥이다. 각시가 있으면 신랑도 있어야 음양의 조화가 맞는 법. 우렁 각시를 시키면 직접 띄워서 만드는 청국장찌개가 '우렁 신랑'으로 따라 나온다. 환상의 호흡, 긴 말이 필요 없는 한 상!

야채에 밥, 풋고추, 고추된장 버무림,
거기에다 우렁된장을 얹고 입으로 가져가면
뒷일을 책임질 수 없다.
솔직히 우렁된장 맛이 환장하겠더라.
다음 촬영지에 가야 하는데
엉덩이가 바닥에서 떨어지지 않아 힘들더라.

국시집

안동식 칼국수

서울시 성북구 성북동 1가 9
☎ 02-762-1924

운영시간
12:00–21:00
휴식시간 14:30–17:30
둘째/넷째 토요일, 명절
휴무

주요메뉴
안동국시

주 메뉴인 안동국시에 안동 양반집 잔치 음식 같은 문어숙회와 소고기수육, 그리고 대구전과 육전이 곁들여진다. 故김영삼 전 대통령의 단골 식당으로도 유명하다.

늦가을 밤하늘에
휘영청 둥근 달이 떴느냐,
거무튀튀한 밥상 위에
하얀 사기그릇에 담긴 국시가
모시적삼으로 멋을 낸 숙녀 같구나.

달밝은집

숙성돼지고기

서울시 성북구 보문국로6 3층
☎ 010-5042-7232

운영시간
17:00~22:00(주문 마감은 21시)
일·월·화요일 휴무
(휴일 및 운영시간은 확인 후 방문 부탁드립니다)

주요메뉴
돼지불고기

66일 숙성한 돼지목살불고기가 주 메뉴. 잘 익은 고기에 고추장을 찍은 마늘을 얹어 한 점 먹고, 다음으로는 고추장을 찍은 고기를 양배추와 김치를 싸서 함께 먹으면 돼지고기의 신세계가 열린다.

젊은 부부의 음식 욕심이 대단하다.
60일 이상 숙성시킨 돼지고기를 초벌구이 해서 내어놓는다.
불판의 절반을 고기가 자리 잡고
나머지 절반은 김치가 자리 잡아 손님 앞에 선보인다.
달이 밝은 밤에 땡길 집이다.

새천년 호프

프라이드치킨

서울시 성북구 성북로 62-1
☎ 02-766-3031

운영시간
12:00-02:00

주요메뉴
프라이드치킨, 골뱅이소면,
닭똥집볶음

동네 호프집답게 마른안주 외에도 다양한 메뉴를 자랑한다. 개중 많은 사람을 사로잡은 메뉴는 단연 프라이드치킨. 겉은 바삭하고 속은 촉촉하게 튀겨낸 맛에 내공이 느껴진다.

전통만두국 이상조

전통만둣국, 부추만두

서울시 성북구 고려대로8길 67
☎ 02-926-8756

운영시간
10:30-21:00
토요일 휴무

주요메뉴
전통만둣국, 부추만두

우애 깊은 세 자매의 황해도식 만둣국으로 유명한 집. 반찬은 달큰한 깍두기와 살짝 익은 시원한 배추김치가 전부, 그러나 그거면 충분하다.

우남 식당

소뼈해장국

서울시 중구 을지로42길 28
☎ 02-2267-3929

운영시간
07:00–16:30
명절, 일요일 휴무

주요메뉴
소뼈해장국

특이사항
재료 소진시 조기 마감합니다.

소뼈해장국을 할머니 혼자서 운영한다. 도와주던 남편이 몸져 눕자 반찬은 손님들이 알아서 가져다 먹는다. 시원한 국물이 일품이라 그냥 먹어도 좋지만 콩나물무침을 넣으면 새로운 맛이 생겨난다.

주인 아주머니는 허리 쪽이 불편한 듯 걸을 때마다
조리대나 밥상 등을 의지해서 걷는다.
식당 일을 오래한 분들은
대부분 골반 쪽, 허리 쪽, 무릎 쪽에 고통을 달고 산다.
시장의 국밥은 보증을 받아야 오래 버틴다.
이 집도 그런 집이다.
9개월째 누워 있는 남편 걱정이 떠나지 않나 보다.
다음 방문 때까지 이 집이 남아 있을까?

광주 식당

동태찌개

서울시 종로구 지봉로2길 15
☎ 02-2236-5247

운영시간
전화 문의
월요일 휴무

주요메뉴
동태찌개백반

복잡한 풍물시장에서 긴 줄을 마다하지 않은 식당이 있다. 차례가 되어도 합석은 기본, 앉자마자 턱 내놓는 단일 메뉴인 동태탕. 기다린 보람은 싼 가격과 맛으로 보상된다.

간단하다. 고향이 광주니까 광주 식당이다.

메뉴도 간단하다. 동태찌개 한 가지다.

무지 복잡한 풍물 시장에서 주소도 정확치 않은 곳에 있다.

찾기도 힘들다.

그러나 일류 레스토랑의 맛보다

입에 남아 있는 동태찌개의 여운은 길다.

천일 삼계탕

삼계탕

서울시 중구 장충단로13길 43, 2층
☎ 02-2273-9405

운영시간
10:00–20:00
토요일은 15:30까지
일요일 휴무

주요메뉴
삼계탕, 칼국수

특이사항
삼계탕은 하루 80마리 한정 판매하며 칼국수는 오후 1시 이후 가능합니다.

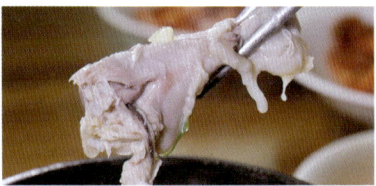

하루 80마리만 한정 판매하는 60년 자부심. 그날 판매할 닭 80마리를 사와 푹 삶아 뒀다가 뚝배기에 담아 내 주변 상인들의 건강식으로 인기가 높다. 남은 국물에 칼국수를 넣으면 별미가 된다.

삼계탕은 조선 시대부터 있었는데
닭죽이나 백숙에 인삼 가루를 뿌려서 먹는 '계삼탕'이
인삼 뿌리채 들어가면서 '삼계탕'으로 바뀌었다는 설이 있다.
삼계탕이 주인공인데 조연인 칼국수 면이 보태지면
서로의 장점을 경쟁하듯 자랑한다.
이 부근에 단일 품목만 취급하는 식당이 많은 이유는
이곳에서 일하는 사람들이 시간에 쫓기는지라
빨리 먹고 가서 일들 해야 하기 때문이다.

경상도집

돼지갈비

서울시 중구 을지로39길 29
☎ 02-2265-4714

운영시간
11:00–22:00
휴식시간 14:30–15:30
일요일 휴무

주요메뉴
연탄돼지갈비

서울에서 둘째가라면 서러운 돼지갈비. 이웃 공구 상가가 퇴근하면 그 앞은 노천 식당이 된다. 지글지글 불맛을 입힌 돼지갈비에서 소갈비 맛이 난다.

"1인분 13,000원 추가 시 1인분은 안 됩니다."
메뉴판에 적힌 문구가 한참 이해되지 않아 수정 제의를 했다.
1인분씩은 팔지 않으니까.
"2인분 26,000원 추가 시 1인분은 안 됩니다."
돼지갈비 맛을 돕는 냉콩나물국이 한몫하는 집이다.
일렬로 죽 늘어선 테이블이 분위기 좋은 집이다.

금문장

자장면, 볶음밥

서울시 종로구 지봉로8길 45
☎ 02-763-4647

운영시간
11:00-15:30
주말 휴무

주요메뉴
자장면, 짬뽕, 볶음밥, 군만두

동묘 인근 한적한 골목에 20년 전 가격을 그대로 유지하고 있는 중식당이 있다. 76세 중식 고수인 할머니가 만들어내는 짜장면과 볶음밥은 놀라운 가성비다.

창성 갈비

돼지갈비

서울시 종로구 자하문로 40-1
☎ 02-738-0247

운영시간
12:00–22:00
일요일 휴무

주요메뉴
양념갈비, 생삼겹살, 제육볶음

20년 넘도록 최상의 갈비맛을 보여주고 있는 부부의 합작품. 아내가 고기를 다듬어 재워두면 남편은 직접 고안한 냄비 뚜껑 비법으로 고기를 구워준다. 육즙이 살아 있는 은은한 갈비 맛의 풍미를 높여준다.

해장국 사람들

선지해장국

서울시 종로구 자하문로 50-1
☎ 02-736-6088

운영시간
06:30-21:30

주요메뉴
선짓국, 순댓국, 국밥

특이사항
리필은 깍두기만 됩니다.
김치는 안 됩니다.

마치 티라미수 케이크 같은 동그란 선지가 먼저 눈길을 사로잡는다. 뒤이어 구수하면서도 시원한 국물의 해장국 경지는 한 번 맛보면 쉬 멈추기 어려울 정도. 손질 어려운 양을 깨끗하게 벗겨내 냄새를 제거한 것이 비법.

벽에 써진 글이 있다.
"더 맛있는 선짓국은 없다고 자부합니다."
그럴 만도 하다.
콩나물과 파를 국이 끓은 다음에 넣어서 씩씩한 맛이다.
국물이 맑고 고추기름이 한몫한다.
정성 또한 가득하다.

경동맛집

가오리찜, 꼬막찜, 꼬막전

서울시 종로구 자하문로1길 7
☎ 02-720-7813

운영시간
17:00–00:00, 일요일 휴무

주요메뉴
가오리찜, 꼬막요리, 들깨수제비, 칼국수

특이사항
메뉴판에 없는 싱싱한 제철 해물을 맛볼 수 있습니다.

갓김치, 홍어무침, 미나리무침이 나오는데 하나하나가 범상치 않은 맛으로 유명 쉐프도 인정한다는 고수다. 본고장 맛에 뒤지지 않은 가오리찜, 꼬막전과 데친 새꼬막 등 제철 음식을 맛있게 먹을 수 있다.

10일 숙성한 가오리찜, 새꼬막, 미나리무침,
특히 1년 삭았다는 굵은 갓지(갓김치)는
아직도 톡 쏘는 맛을 보듬고 있었다.
그럴 리 없는데,
갓지를 담그고 5일이면
그 맛이 없어지는데 자주 가서 비법을 캘 일이다.

별미 곱창

돼지곱창볶음

서울시 종로구 자하문로1길 50
☎ 02-737-1320

운영시간
12:00–23:00
일요일 휴무

주요메뉴
돼지곱창볶음

돼지곱창 단일 메뉴로 문전성시를 이루는 집. 잘 손질된 곱창도 수준급이지만 양념장이 단연 압권이다. 마무리는 역시 볶음밥인데 곱창이 조연이라고 해도 좋을 만큼 환상적인 맛이다.

메뉴는 딱 하나 곱창볶음.
그리 크지 않은 공간이지만 기름때가 보이지 않는다.
주인의 성격이 까칠한 만큼 자부심으로 영업한다.
자부심은 끝까지 지켜야 할 마지막 재산이다.

개화옥

차돌박이채소무침, 채소구이, 된장국수, 김치말이국수

서울시 강남구 압구정로50길 7
☎ 02-549-1459

운영시간
11:00–01:00

주요메뉴
불고기, 채소구이, 된장국수,
김치말이국수

모던하고 정갈한 한식. 모둠채소구이, 한우를 사용한 차돌박이 채소무침, 양지육수를 넣어 숙성한 김치말이국수, 된장국수 등 귀한 분에게 대접하고 싶은 분위기와 맛이다.

잘 다듬은 색시 같은 집이다.
간단한 찬으로 품위를 만든다.
조용해서 비밀스러운 얘기를 나누기 딱이다.

영동 설렁탕

설렁탕

서울시 서초구 강남대로101안길 24
☎ 02-543-4716

운영시간
00:00-24:00

주요메뉴
설렁탕, 수육

기름빼기, 사리빼기 옵션이 독특한 이 집은 40년 내공의 설렁탕 전문집. 각기 다른 비법이 있는 4개의 가마솥에서 육수를 끓여 다양한 맛을 선사한다. 파와 깍두기 국물은 취향에 따라.

압구정3번출구 닭꼬치

닭꼬치

서울시 강남구 압구정로 30길 45
압구정cgv 옆
☎ 010-2774-1347

주요메뉴
간장/간장/소금/바비큐/매운맛 닭꼬치

압구정역 3번 출구 앞 추억의 포장마차. 지글지글 불 맛을 입힌 닭꼬치는 토치를 이용해 센 불로 육즙을 가둬 제대로다. 매콤한 고추장닭꼬치도 일품이다.

돌곰네

문어국밥, 돌문어톳쌈

서울시 강남구 언주로146길 18
지하
☎ 02-3446-2928

운영시간
12:00–04:00
일요일 휴무

주요메뉴
문어국밥, 돌문어톳쌈,
문어비빔밥

추운 겨울에는 아삭거리는 숙주나물과 굴이 들어 있는 돌문어국밥이 최고 메뉴. 문어비빔밥도 점심 메뉴로 인기다. 메인 메뉴는 문어톳쌈으로, 문어숙회와 톳을 김에 싸서 먹는다. 고추냉이를 묻혀 생미역에 싸 먹어도 별미다.

문어숙회

오래된 아파트의 상가 지하를 완전 정복했다.
주문하면 바로 나오는 보리비빔밥이 주인 노릇을 하겠다고 우긴다.
굴과 숙주나물과 문어껍질로 만든 문어국밥은 밤을 즐겁게 한다.

해남집

해남정식, 매생이전, 매생이국

서울시 강남구 강남대로160길 10
☎ 02-3446-7244

운영시간
11:30~22:00(토요일은 21시까지)
휴식시간 14:30~17:30
일요일 휴무

주요메뉴
해남정식, 매생이탕, 매생이굴전,
낙지볶음, 자연산 벌교참꼬막(계절
메뉴)

강남 한복판에서 맛보는 남도 백반 한 상. 입맛을 사로잡은 묵은지, 홍갓, 된장지짐이 등 3종 김치 세트부터 매생이굴전, 벌교참꼬막, 영광굴비 등 18가지 반찬의 향연이 펼쳐진다.

이 집은 철따라 상차림이 달라진다.
비용이 부담스러우면 해남정식을 주문하자.
18가지 찬에 15,000원.
해남에서 만드는 해남막걸리는
6도, 9도, 12도, 3가지 맛이 있다.
해남의 자존심이다.

금성스테이크 부대찌개

소시지전골, 모둠구이

서울시 강남구 압구정로46길 5-14
☎ 02-547-487

운영시간
11:30-22:00
명절, 일요일 휴무

주요메뉴
소시지전골, 모둠구이,
등심스테이크

직장인의 발길을 사로잡은 신사동 34년 터줏대감. 햄이 넉넉히 들어간 김치찌개 같은 비주얼의 부대찌개와 스테이크철판구이를 함께 먹으면 천상 궁합이다.

우성 식당

양념삼치구이, 대구탕

서울시 광진구 자양번영로 60-1
☎ 02-453-4636

운영시간
09:00-22:30
연중무휴

주요메뉴
양념삼치구이, 대구탕, 삼겹살

고구마, 호박, 콩 등 다양한 재료가 들어간 정성 어린 돌솥밥이 인상적인 30년 기사 식당 백반집. 양념삼치구이, 청국장, 양념게장, 불백, 오징어볶음 등 다양한 메뉴로 택시 기사님들의 입맛을 붙잡고 있다.

고향집

참꼬막, 주꾸미구이

서울시 광진구 아차산로49길 30
☎ 02-452-0004

운영시간
11:30–22:00
휴식시간 15:00–17:30
일요일 휴무

주요메뉴
물회, 짱뚱어탕, 주꾸미구이, 벌교 참꼬막

쭈꾸미구이, 간자미회무침, 짱뚱어탕도 좋지만 벌교참꼬막, 생굴회, 새조개샤브샤브, 가자미무침 등이 있는 계절 메뉴에 눈길이 간다. 고향의 계절 맛을 느끼려면 이만한 곳도 없다.

쭈꾸미와 참꼬막이 좋다.
쭈꾸미는 달짝지근하고 매콤하고 부드럽다.
뜨거운 불판의 열기를 못 이겨
몸을 둘둘 말고도 단맛을 잃지 않는구나.
"여보시오~ 손님네, 내 부탁 하나 들어주시오~
서해에 가시거든, 이 몸이 광진구에서 사라졌다고
가족들에게 말 좀 전해주시구려~"

어울림(여수집)

새조개해물전, 매생이굴칼국수

서울시 광진구 광장로1나길 10
☎ 02-453-1470

운영시간
11:00-21:30
휴식시간 15:00-17:00
주문마감 20시까지
월요일 휴무

주요메뉴
새조개해물전, 매생이굴국밥, 매생이굴칼국수, 여수장어탕, 생굴회

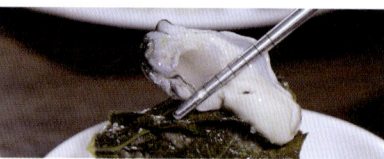

순 여수음식이라는 메뉴판에 걸맞게 매생이, 갑오징어구이, 모둠생선구이, 새조개해물전 등 제철 해물의 천국이다. 제철 음식이 낯설다면 주인이 추천해주는 걸 먹으면 후회없다.

여수까지 가지 않아도 여수를 느낄 수 있다.
계절마다 상차림이 다르다. 지금은 새조개 철이다.
섬초와 동배추, 파, 다진 새조개를 넣고 지진 넓적한 전은
젓가락 싸움을 하게 만든다.

용문2호집

제비추리, 치마살

서울시 광진구 뚝섬로30길 44
☎ 02-468-9828

운영시간
16:00-01:00
일요일 휴무

주요메뉴
제비추리, 치마살, 막창, 염통구이, 육회

특이사항
1호점은 마장동에, 2호점은 자양동에 있습니다.

제비추리, 등골, 생고기, 사시미 등 특수부위 소고깃집. 서비스로 제공되는 개운한 소고기 뭇국도 입소문을 타서 가격 좋고, 맛 좋고, 분위기까지 좋아 예약은 필수다.

좁은 골목에 있는 듯 없는 듯 자리 잡고 있다.
간판이 요란한가, 내부 장식이 화려한가,
깨끗이 정돈되어 있는 실내와 노부부의 정갈한 상차림은
이 집 고기 맛을 의심치 않게 한다.
잡초밭을 걸어가다 발견한 옥이라.

해남닭집

프라이드치킨, 간장치킨

서울시 광진구 능동로13길 46
☎ 02-466-4656

운영시간
16:00-24:00
둘째, 넷째 일요일 휴무

주요메뉴
프라이드/간장/양념치킨,
닭강정, 닭똥집

특이사항
포장 주문 시 2,000원 할인

한적한 곳에 위치한 동네 치킨집. 25년간 한결같이 치킨이 맛있는 비결은 손님이 주문하면 생닭을 바로 잘라 신선한 기름에 튀겨 내기 때문이다. 오픈형 주방과 깨끗한 내부 역시 손님들이 다시 찾는 인기 비결이다.

이태원 숯불 바베큐치킨

바비큐치킨

서울시 용산구 녹사평대로 224-1
☎ 02-795-7293

운영시간
16:00-23:00

주요메뉴
소금/양념 바비큐치킨, 양념삼겹살

참숯 향이 은근히 배어 있는 쫀득한 '소금구이'는 쉽게 물리지 않는 맛. 매콤해 보이지만 입안에서 은은하게 퍼지는 '양념구이'야말로 이 집의 진짜배기다. 미군 부대에서 나온 바비큐치킨을 우리 입맛에 맞춰 양념을 바꾼 이태원 클라스를 느낄 수 있다.

시장 회집

알찜, 알탕

서울시 용산구 소월로20길 38
☎ 02-754-7696

운영시간
11:30-21:00(주문마감 20시)
휴식시간 14:00-17:00
목요일 휴무

주요메뉴
알찜, 알탕, 꼬막비빔밥, 아귀찜, 아귀탕

특이사항
식사시간 1시간 30분으로 제한
모든 메뉴 포장 가능

우선 양푼에 한가득 나오는 알탕의 가성비(1인 6,500원)에 한 번 놀라고 시원한 국물에 한 번 더 놀라게 된다. 빨간 비주얼로 등장하는 '알찜'은 얄팍한 단맛과 적당히 매콤한 맛으로 입맛을 꼬신다. 알찜에 밥을 볶아주면 화룡점정.

알탕의 국물이 텁텁하지 않고 시원하다.
새우의 위력이다.
이곳에 작은 쉼터를 마련하고 싶다.
저녁에 친구들을 불러모아 술 한잔 나누기 딱 좋은 곳이다.

바다 식당

존슨탕, 찹스테이크

서울시 용산구 이태원로 245 2층
☎ 02-795-1317

운영시간
11:30-22:00
첫째, 셋째 월요일 휴무

주요메뉴
존슨탕, 돼지갈비바비큐, 폭찹,
소갈비바비큐

특이사항
21:30 이후 술을 판매하지 않습니다.

넓적한 치즈가 양푼 가운데를 차지하고 있는 이태원식 부대찌개 '존슨탕'. 흔히 김치가 들어가는 부대찌개와 달리 존슨탕에는 양배추가 푸짐하다. 목살을 압력솥에 쪄내 짜장처럼 걸쭉한 소스를 끼얹어 나온 '폭찹'은 달달하고 부드러워 젊은 입맛에 딱이다.

Since 1970.
미국 존슨 대통령은 진즉 가시고 존슨탕만 남았구나.
그릇 안의 햄과 소시지, 그 옆에 빙 둘러 자리한
김치, 콩나물, 이태원의 지역적 특성이 만들어낸 음식이다.
젊은이들의 음식이다.

할매 보리밥집

육개장

서울시 용산구 보광로14길 12-4
☎ 02-794-9995

운영시간
10:00-21:00
휴무일 전화 문의

주요메뉴
육개장, 보리밥, 갈비탕, 해장국

특이사항
육개장은 재료에 따라 판매가 어려울 수 있습니다.

보리밥 백반 외 해장국, 갈비탕, 육개장 등의 다양한 메뉴를 가진 이 집에는 닭볶음탕, 제육볶음, 해물파전 등 술 안주도 높은 가성비를 자랑한다. 대파가 뭉근해지도록 푹 끓여낸 강원도식 칼칼하고 푸짐한 육개장이 식객을 사로잡았다.

백반은 어머니의 밥상과 가깝다.
어머니의 밥상과 같은 백반을 찾기가 쉽지 않다.
보물섬 찾기와 같다.

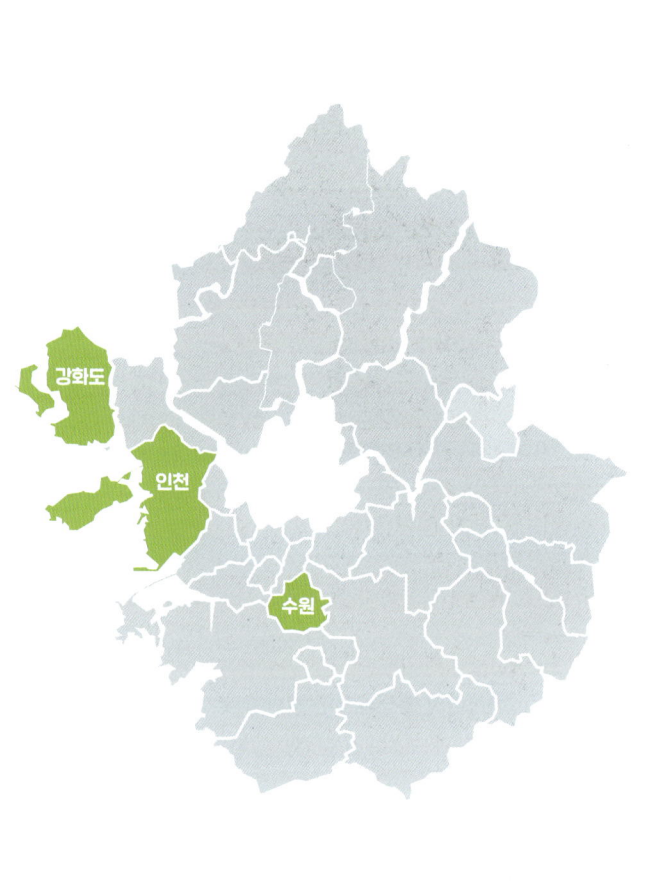

인천 & 경기도

돈타래 게장정식

간장게장정식

인천시 부평구 열우물로 59
☎ 032-421-0335

운영시간
12:00–22:00
휴식시간 15:00–16:00
월요일 휴무

주요메뉴
간장게장정식(간장게장+생선구이+제육볶음+부침개)

특이사항
하루 600마리 한정판매

속이 꽉찬 간장게장과 바삭한 부침개, 통통한 가자미구이와 고등어구이, 그리고 작은 솥에 나오는 제육볶음까지 무엇 하나 빠지지 않은 가성비 최고의 집이다.

꽃게장 포함 백반 한 상이 1인분 10,000원이다.

아무리 계산해도 답이 나오지 않는다.

게장을 담근 지 5일 후에 식탁에 오른다.

밥과 반찬은 추가해도 무료다.

주인의 마음이 곱다.

앞으로 인천의 명소가 될 것이 분명하다.

경인 면옥

평양 물냉면/회비빔냉면

인천시 중구 신포로46번길 38
☎ 032-762-5770

운영시간
평일, 주말, 공휴일 11:00-21:00
화요일 11:00-15:00
휴식시간 평일 15:00-16:30,
주말 15:30-17:00

주요메뉴
평양 물냉면/비빔냉면/회비빔냉면

70년 3대에 걸치는 동안 터와 맛을 그대로 지키고 있는 평양냉면 전문집. 3년 이상 된 천일염, 고명과 육수는 1등급 한우만을 취급한다. 겨자나 식초 같은 양념을 넣지 않은 평양냉면 특유의 슴슴한 맛이 일품.

70년 노포다.
그만큼 내공이 깊다는 의미다.
서울 평양냉면과는 맛이 다르지만
인천 시민의 냉면 입맛은
경인면옥에서 시작되었다.

등대 경양식

돈가스정식

인천시 중구 제물량로 190
☎ 032-773-3473

운영시간
11:30-21:30

주요메뉴
등대돈가스 세트, 스프와 빵,
돈조각 단품

특이사항
반려동물 동반 가능

마치 오래된 동네 중국집처럼 생긴 집에서 경양식이? 직접 만든 식전 빵과 당근스프를 먹고 있으면 야들야들한 속살 씹는 느낌이 일품인 두툼한 돈가스가 나온다. 튀김가루와 돼지고기의 완벽한 조화다.

70년 된 경양식집이다.
이 집 음식 맛을 평한다는 자체가 위험하다.
인천 사람들의 추억을 할퀴는 짓이다.
어머니의 이유식 같은 거부할 수 없는 맛을 건드리는 것은
앞으로 인천에 발을 들여놓지 않을 작정이라면 가능하다.

송미옥

복중탕, 복회

인천시 동구 화도진로5번길 11
☎ 032-772-9951

운영시간
09:00~21:30
첫째, 셋째 일요일 휴무

주요메뉴
복중탕, 복회, 복지리, 복 튀김,
복 매운탕

복어회를 정교하게 썰어낸 주인장 칼 솜씨가 돋보인다. 복어회에 못지않은 복중탕은 매운탕과 된장찌개 사이의 깊은 맛이 특별하다. 생복어의 부드러운 속살이 아주 괜찮다. 탱탱한 복어껍질은 덤.

복요리 70년, 3대가 운영 중이다.
이 집 복회는 약간 두께가 있으면서 숙성을 거쳤다.
복국은 시원한 맛에 먹는데 된장이 들어가서 맛이 무겁다.
오래된 이 집의 실내 인테리어는 100년 전
독립운동할 때 항일 투사들이 모였던 분위기가 물씬 난다.

명월집

김치찌개

인천시 중구 신포로23번길 41
☎ 032-773-7890

운영시간
07:30-19:30
일요일 휴무

주요메뉴
김치찌개 백반(무한리필)

둥근 쟁반에 10여 가지의 반찬이 푸짐하게 담겨 나오는 백반이 유일한 메뉴인 55년 노포. 전날 끓여 숙성시킨 김치찌개는 알아서 퍼다 먹는 셀프 시스템이다.

백반과 김치찌개가 유명한 곳.
7,000원에 이런 음식을 먹을 수 있다니
돈의 효율성이 오랜만에 고맙다.
간판은 요정 스타일인데…
김치찌개는 손님들이 마음껏 먹을 수 있다.
3대째 운영 중인데 인천은
100년 노포가 많이 생길 듯하다.

군봉 묵은지 김치찜

묵은지김치찜

인천시 연수구 비류대로 150번길 13
☎ 032-832-3568

운영시간
10:00-21:30

주요메뉴
김치찜, 모둠찜(김치찜+등갈비찜+손만두찜)

특이사항
국내산 고랭지 배추 사용
어린이용 수육 메뉴 별도

부드러운 목살과 뜯는 재미가 있는 등갈비를 2년 묵은 묵은지와 함께 바글바글 끓이면 시원한 국물과 담백한 고기 맛이 일품이다. 손만두와 유부주머니도 사이드 메뉴로 인기.

대전집

스지탕

인천시 중구 우현로39번길 7
☎ 032-772-9188

운영시간
16:00-23:00

주요메뉴
스지탕, 두부전, 고추전

질긴 스지(소 힘줄)를 7시간 넘도록 끓여 부드럽게 손질해 육수를 넣고 다시 푹 끓여 내놓는다. 소금에 2년 절여둔 무짠지가 유일한 반찬으로, 자부심이 센 47년 선술집이다.

삼강옥

설렁탕, 해장국

인천시 중구 참외전근158번길 1
☎ 032-772-7885

운영시간
08:00–21:00

주요메뉴
설렁탕, 꼬리곰탕

3대째 이어오고 있는 이 집의 메뉴판은 70년째 변함 없다. 뼈대 있는 맑은 국물이 기본. 그래서 국물만은 2대 사장이 직접 담당한다.

문화 반점

백짬뽕, 복음밥

인천시 동구 금곡로 31
☎ 032-773-4824

운영시간
11:00-20:00
토요일 휴무

주요메뉴
짜장, 짬뽕, 백짬뽕

백짬뽕을 자신 있게 권하는 화교 사장님. 홍합만으로 우려낸 육수에 얇고 쫄깃한 면발에 각종 해물과 야채를 얹은 짬뽕은 담백하면서 깊은 맛이 일품이다.

토시살 숯불구이

소고기구이

인천시 동구 송림로 10-1
☎ 032-763-3437

운영시간
11:00-19:30
토요일, 공휴일 11:00-19:00
일요일 휴무

주요메뉴
소 특수부위(토시살, 치마살, 제비추리 등), 더덕구이, 동치미국수

특이사항
예약제 운영(당일 예약 가능)

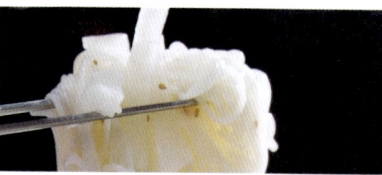

아흔 가까운 주인이 48년째 한자리를 지켜오고 있어 변변한 간판이 없어도 단골이 찾아오는 곳 날마다 가져오는 소고기 특수부위 구이가 그만이다.

토시살, 제비추리, 치마살, 차돌박이 등을 한꺼번에 먹었다.

맛을 구별하기 어렵다.

기름기가 입에서부터 창자 밑까지 번져 있다.

이때 동치미국수 한 그릇 속이 후련하다.

느끼함이 순식간에 사라진다. 꼭 필요한 후식이다.

이렇게 시원한 국물을 마시는 나라가 또 있을까?

얼른 생각나지 않는다.

토가

순두부새우젓찌개, 곤쟁이찌개

인천시 강화군 화도면 해안남로 1912
☎ 032-937-4482

운영시간
09:00-21:00(주말은 8시부터)
명절 전날, 당일 휴무

주요메뉴
순두부새우젓찌개, 곤쟁이찌개

특이사항
곤쟁이찌개는 제철에만 제공되며,
곤쟁이 젓갈은 사시사철 반찬으로
나갑니다.

주인이 직접 만든 순두부새우젓찌개가 대표 메뉴, 고소하고 시원한 맛이 일품인데 찬으로 올라온 중하새우, 곤쟁이(새우 사촌) 맛은 다른 사람에게 숨기고 싶은 맛이다.

강화집

백반, 닭곰탕

인천시 강화군 강화읍 강화대로 405-2
☎ 032-934-2784

운영시간
03:00~14:00

주요메뉴
닭곰탕, 백반, 도시락

특이사항
카드 사용 안 되며, 현금 또는 계좌이체 가능합니다.

강화읍 골목에 숨겨진 노포. 단골들이 주문하는 메뉴를 화덕 하나로 척척 내놓는 주인이 돼지기름에 부쳐준 빈대떡은 옛날 맛 그대로였다.

돌기와집

시래기붕어찜

인천시 강화군 송해면 상도숭뢰길
116번길 39-10
☎ 032-934-5482

운영시간
12:00-21:00
일요일 휴무

주요메뉴
붕어찜, 추어탕, 메기매운탕

14대를 이어온 운치 있는 기와집에서 맛보는 참붕어찜이 맛있다. 인근 저수지에서 잡아 올린 참붕어에 우거지를 얹어 한 시간 이상 푹 쪄내 뼈째 먹어도 부담이 없다.

14대를 내려온 고택의 대표 음식.

시래기를 삶아 얹고 찐 붕어 3마리.

붕어 뼈는 센베이 과자같이 입안에서 부서진다.

'목엣가시 같은 자식'이란 말이 생각나는 건 뭘까.

나는 어머니 목의 가시였을까.

8남매를 모두 건사하지 못했던 어머니는

8남매 모두가 가시였을 수 있다.

나는 그 가시 가운데 큰 가시였을까, 작은 가시였을까.

붕어 먹으면서 이런 생각 하는 걸 보면

사고의 방향을 짐작하기 어렵다.

봉천 가정식 백반

백반

인천시 강화군 하점면 강화대로 1160
☎ 032-933-7745

운영시간
전화 문의

주요메뉴
백반(메뉴는 매일 바뀝니다.)

특이사항
오전 11시 반부터 점심식사만 판매합니다.

한적한 인삼밭이 자리한 곳에 생뚱맞은 간판이 있다. 땀 흘린 농부들의 입맛을 살려줄 백반집에는 논우렁무침, 인삼꽃장아찌와 같은 향토 음식과 제철 찬이 계절따라 바뀐다.

서울 시내의 밥과는 차원이 다르다.

남보원 불고기

소불고기

경기도 수원시 장안구 정조로 922번길 20
☎ 031-245-9395

운영시간
10:00-22:00
명절 휴무

주요메뉴
불고기, 특수부위(치마살/토시살 등), 육회

수원하면 소불고기, 그중에서 가장 환상적인 고기 맛을 경험할 수 있는 곳. 이 집은 당일 들어온 소 토시살, 제비추리, 치마살 중에서 가장 상태가 좋은 부위로 주문과 동시에 양념해서 나온다. 날마다 먹기엔 가격이 다소 세다.

"여기 고기 주세요~"하면
주는 대로 먹는 집이다.
손님은 주인을 믿는다.
지금껏 장사가 잘되면 가게를 늘리는 집이
100%였는데 이 집은 되레 줄였다.
손님에게 한우를 공급하기 어려워서란다.
가격은 세다.
만족감은 더 세다.

열구자

콩비지찌개백반

경기도 수원시 권선구 금호로 104-12
☎ 031-297-2650

운영시간
11:00-21:00

주요메뉴
콩비지, 청국장, 순두부

시골의 향수를 느낄 수 있는 콩비지 백반집. 매일 아침 직접 콩을 갈아 만드는데 제철 채소가 들어가 심심하지 않고, 콩도 곱게 갈지 않아서 씹는 맛이 일품이다. 고춧잎무침, 늙은 호박전, 노각무침 등 반찬도 맛있다.

열구자. 입을 즐겁게 한다.
청국장, 두부새우젓찌개 등이 맛을 내고 있다.
전체적으로 짠맛이 있지만 견딜 만하다.
비오는 날에 문득 생각남 직하다.

골목집

민물새우던질탕

경기도 수원시 팔달구 화서문로 53-1
☎ 031-243-5576

운영시간
11:00-22:00
휴식시간 15:00-16:00

주요메뉴
민물새우던질탕, 묵은지찜

묵은지찜 전문이라 찜과 찌개에 일가견이 있는 이 집에는 민물새우던질탕이라는 특별한 메뉴가 있다. 개운한 민물새우매운탕에 수제비를 끓이면 끓일수록 깊은 맛이 더해진다.

민물새우던질탕이 주 메뉴다.
던질탕은 반죽한 밀가루를 순가락으로 떠서
냄비에 던진다고 붙여진 이름이다.
상에 깔린 반찬은 필요 없다.
이것 하나로 끼니와 술안주가 충분하다.

명성돼지갈비

국물갈비

경기도 수원시 장안구 팔달로
271번길 16-16
☎ 031-242-2122

운영시간
11:30-00:30
명절 당일 휴무

주요메뉴
돼지갈비, 삼겹살, 갈매기살,
간천엽

불판에 양념된 돼지갈비와 국물을 부어 끓이는 38년 수원전통의 '국물갈비' 집이다. 익은 고기는 잘라 육수에 담그고, 불판 가운데에 콩나물무침과 무생채를 올려 볶아 먹는 것이 특징.

연밀

육즙만두, 소힘줄 장조림, 건두부요리

경기도 수원시 창룡대로8번길 10
☎ 031-242-4990

운영시간
11:00-22:00
화요일 휴무

주요메뉴
건두부요리, 소힘줄조림, 육즙만두

중국인이 운영하는 이 만두집은 5개의 테이블이 언제나 만석이다. 고기육즙만두, 새우 육즙만두와 만두에 튀김옷을 입힌 고기빙화만두는 특색 있는 맛이다.

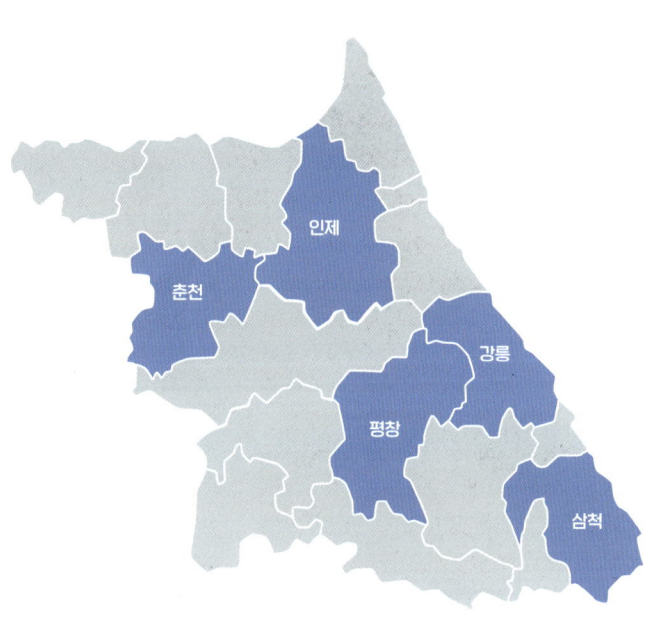

강원도

샬롬 분식

총떡, 감자떡

강원도 춘천시 춘천로185번길 6-4
☎ 033-243-3472

운영시간
08:00-22:00
명절 당일 휴무

주요메뉴
총떡, 감자떡, 메밀전, 부침개

춘천식 메밀전병인 총떡은 맵싸한 양념에 혀끝이 아리면서도 구수한 뒷맛이 매력. 감자떡은 뜨끈하게 나왔음에도 풀어지지 않고 쫀득한 식감이 일품이다.

재래시장 한가운데 있다.
총을 닮았다는 총떡의 매콤함과 감자떡의 차진 맛이
노천의 삭막함을 견뎌내게 한다.

원조 숯불 닭불고기

숯불닭갈비, 오돌뼈닭갈비, 닭내장

강원도 춘천시 낙원길 28-4
☎ 033-257-5326

운영시간
10:30-21:00
설, 추석 전날 및 당일 휴무

주요메뉴
뼈 없는 닭갈비, 뼈 있는 닭갈비,
오돌뼈 닭갈비, 닭내장과 똥집

춘천 사람들에게 닭갈비는 숯불닭갈비를 말한다. 그중에서도 파인애플에 넉넉히 재운 이 집의 숯불닭갈비와 오도독(오돌뼈)숯불닭갈비는 유독 부드러운 맛이 으뜸이다.

59년 노포다.
고기는 역시 불맛이 보태져야 맛을 낸다.
꼬리를 무는 젊은 학생들 손님은
이 집의 미래를 점치게 한다.

다윤네집

모래무지조림

강원도 춘천시 서면 경춘로 647-56
☎ 033-263-1888

운영시간
09:00-21:00
명절 휴무

주요메뉴
모래무지조림, 오리능이백숙, 토종닭 백숙, 볶음밥, 옻닭

모래무지조림은 잔뼈가 많아 먹기 성가시지만 살점이 탄탄해서 어느 민물고기보다 식감이 좋다. 시래기와 어우러진 부드럽고 구수하고 단맛은 밥 한공기로도 모자랄 정도다.

모래무지는 예부터 춘천에서 두 번째로 많이 잡히는 어종이다.
그래서 음식 내공이 다른 지역보다 훨씬 뛰어나다.

회영루

중국식국밥, 백년짜장

강원도 춘천시 금강로 38
☎ 033-254-3841

운영시간
10:00–21:00
격주 월요일 휴무

주요메뉴
중국식국밥, 백년짜장,
중국냉면

100년 전 맛을 재현한 백년짜장은 투명한 갈색에 된장 맛처럼 구수하다. 중국식국밥은 짬뽕과 비슷해 보이지만 불 맛을 죽이고 오로지 진하고 담백한 맛으로 승부를 본다. 춘천인들의 소울 푸드라고 한다.

백년짜장과 국밥을 먹었다.
짜장 맛도 일반 중국집에서 만날 수 없는 맛이었고,
국밥은 무섭게 빨간 국물에 밥을 말았는데
이 또한 기억에서 지울 수 없는 맛이다.
한 입으로 많은 음식을 맛보지 못한 것이 아쉽다.

춘석이네

보리밥백반

강원도 춘천시 방송길7번길 12-1
☎ 033-257-8859

운영시간
전화 문의

주요메뉴
보리밥, 닭 백숙, 만두전골,
두부전골

현지인들 사이에서 유명한 보리밥백반. 장아찌를 비롯한 16가지 찬은 지난 봄, 가을에 캔 나물을 말려 사용한다. 구수한 맛이 일품인 막장에 조밥과 꽁보리밥을 비벼 먹어야 제대로 강원도식.

신흥 막국수

막국수

강원도 춘천시 상마을1길 36
☎ 033-264-2031

운영시간
11:00-21:00
첫째, 셋째 월요일 휴무

주요메뉴
막국수, 편육, 감자전

44년 동안 옛날 방식의 슴슴하고 고소한 막국수를 만들어온 집. 100% 메밀면은 희끄무레하면서 찰기가 덜하다. 양념장이 과하지 않아 메밀 향이 어우러져 담백하면서도 감칠맛이 살아 있다.

울릉도 호박집

생선모둠찜

강원도 삼척시 오십천로 496
☎ 033-574-3920

운영시간
전화 문의

주요메뉴
생선모둠찜(장치+가자미+도루묵)

특이사항
카드 결제가 안 될 수 있으니
방문 전 확인하세요.

정갈한 찬과 함께 호박과 약초로 담근 식전주가 나오면 강원도를 느낄 수 있다. 메인인 동해 별미 3종 장치와 가자미, 도루묵을 매콤하게 조려낸 생선모둠찜이 일품이다.

빨갛다. 빨간 만큼 맵다. 밥이랑 같이 먹었다.

아직도 입안이 얼얼하다.

도루묵, 가자미, 장치가 들어갔다.

도루묵은 겨울보다 여름이 더 맛있다고 하는데 처음 들어봤다.

동해안에 사는 사람들에게 확인해야겠다.

이 집의 호박술은 식전주로 매우 훌륭하다.

미조리 횟집

물회

강원도 삼척시 원덕읍
임원항구로 23
☎ 033-573-3588

운영시간
09:0-21:00
화요일 휴무

주요메뉴
모둠회, 물회, 오징어물회

빨간 대야에서 펄떡이는 오징어가 발길을 잡는다. 바늘귀를 꿸 만큼 가늘게 썰어낸 오징어에 배, 오이, 집장 양념을 버무리면 시원한 오징어물회가 완성된다.

한우 실비 식당

한우연탄구이

강원도 삼척시 도계읍
도계대한길 8-34
☎ 033-541-5312

운영시간
11:00-21:00(주문은 20시까지)
첫째, 셋째 월요일 휴무

주요메뉴
한우소갈비살, 한우육회,
청국장국수

탄광 마을답게 연탄에 구워내는 소고기가 제맛이다. 화력 센 연탄화덕에서는 딱 한번 뒤 집어야 고기 맛을 제대로 느낄 수 있다. 히든카드인 청국장국수로 입가심하면 개운하다.

남궁 스넥

감자보리밥

강원도 삼척시 성당길 93-14
☎ 033-573-6101

운영시간
점심 영업(예약제로 전화 문의)

주요메뉴
감자보리밥, 만둣국(계절)

특이사항
보리밥은 점심시간 하루 25그릇만 판매합니다.

감자보리밥이 외로울까봐 만둣국을 계절메뉴로 뒀다는 5,000원 백반집. 간판도 없고, 밭에서 직접 키운 야채로 하루 정해진 양만 준비해 예약 손님만 먹을 수 있는 숨은 맛집이다.

삼척의 보물섬 발견.
간판도 없고 메뉴도
보리밥(5,000원), 만둣국(계절 5,000원)뿐.
비주얼이 좋고 맛 또한 너무 좋아
사진 찍는 걸 잊고 뚝뚝 해치웠다.
이런 집을 만나면
이날 하루는 잘 풀릴 것이다.

매화촌 해장국

해장국

강원도 인제군 기린면 내린천로 3412
☎ 033-462-7963

운영시간
07:00-20:00
화/수/목/금 15시까지
토/일 20시까지(전화 문의)
월요일 휴무

주요메뉴
내장탕, 해장국

가마솥에 소 위를 넣고 푹 끓이다가 수삼을 넣고 다시 우려낸 국물을 기본으로 한 해장국과 내장탕이 맛있는 집이다. 방공호급 보물창고에서 잘 익은 김장김치가 수준급이다.

시골 국도에 예쁘게 자리 잡은 곳.
겨울 매화는 보이지 않으나
이 집 음식은 나그네의 발걸음을 멈추게 하누나.

산채촌

질경이정식

강원도 인제군 북면 어두원길 25
☎ 033-463-3842

운영시간
09:00-20:00

주요메뉴
질경이정식, 산채정식

가마솥밥에 생전 듣도 보도 못한 산채(산뽕잎나물, 다래순나물, 산고추나물, 오가피순나물, 당귀장아찌, 땅두릅잎장아찌 등)를 넣고 고추장보다 간장이나 된장국에 비비면 진가를 확인할 수 있는 산채비빔밥이 된다.

12가지 나물 반찬과 질경이 비빔밥.
질경이 비빔밥은 질경이가 너무 많아 풋내가 난다.
질경이 대신 밥상에 나온 온갖 나물을 조금씩 넣고 비볐더니
나물 각각의 맛이 섞이지 않고 입안에 고루 퍼진다.
질경아 너는 이제 주인공이 아니다.

아승 순메밀막국수

공이막국수 Ⓟ

강원도 평창군 대화면 대화중앙로31
☎ 033-333-1158

운영시간
전화문의

주요메뉴
순메밀막국수(공이 주문 가능),
메밀꿩만두, 감자만두국

특이사항
'공이'란 면을 뽑을 때, 구멍에 넣는 메밀 반죽 한덩어리를 말합니다. 한 공이는 6-8인분, 반 공이는 3-4인분입니다.

메밀국수만큼은 최고라는 자부심이 담겨 있는 간판. 야채와 지단을 넣고 달달한 고추장 양념에 비벼도 좋지만 주인이 추천하는 간장 양념과 기름을 넣고 비벼 먹어보면 명불허전.

차가 띄엄띄엄 한 대씩 다니는 강원도 작은 마을에 있다.

이 집 국수는 먹는 방법이 3가지 있다.

① 참기름+간장(파, 마늘, 깨)
② 지단+간장+김+참기름+양배추
③ 1번에 육수를 붓는다.

나는 1,2번이 좋다.

4년을 먹었지만 3번은 시도하지 않았다.

다시 돌아오지 않을 한 끼이니까 모험을 하지 않는다.

동양 식당

오징어불고기, 더덕구이, 황태구이

강원도 평창군 대관령면 대관령로 118
☎ 033-335-5439

운영시간
09:00-21:00
화요일 휴무

주요메뉴
오징어불고기, 더덕구이, 황태구이, 오삼불고기

오삼불고기와 오징어불고기가 전문으로 황태국정식과 더덕구이정식도 별미다. 오삼불고기는 불판에서 서서히 졸이면 달짝지근한 내음과 함께 걸쭉한 국물이 일품이다.

부산 식육 식당

삼겹살, 냉이 된장찌개

강원도 평창군 대관령면
대관령로 108
☎ 033-335-5415

운영시간
11:00-23:00
연중 무휴

주요메뉴
소고기구이, 오삼불고기,
삼겹살

1966년 문을 연 스키장 맛집. 돌판에서 노릇하게 익힌 삼겹살을 기름장에 찍어 파절이와 같이 싸 먹으면 일품이다. 마무리는 냉이된장찌개와 소면으로 입가심하면 개운.

항구마차

문어숙회, 문어무침

강원도 강릉시 옥계면 금진리 149-3
☎ 033-534-0690

운영시간
10:30-16:00
수요일 휴무

주요메뉴
문어무침, 가자미회무침
대게칼국수

엄청난 크기를 자랑하는 동해안 자연산 문어 요리가 주 메뉴. 살아 있는 문어를 삶아 썰어내는 숙회는 양념 없이 그냥 먹어도 자연 간으로 맛있다. 차갑게 식혀 야채와 함께 새콤하게 무쳐내는 문어무침도 별미. 가자미무침과 대게칼국수로도 유명한 집이다.

피문어의 참맛이다.
맹물로만 끓였는데도 단맛이 우러나온다.
죽어서도 인간이 밉지 않더냐.
빨갛게 데친 몸이 흐트러지지 않게 정좌한 네 모습에서
양반의 기개가 느껴지는구나.

주문진 해물국수

소라찜, 가자미조림

강원도 강릉시 성덕포남로 188번길 10
☎ 033-651-7889

운영시간
전화 문의

주요메뉴
소라찜, 가자미조림, 골뱅이

식혜, 장아찌 등의 밑반찬에 해조류와 쌈채소가 한 상 가득 주인의 정성과 솜씨를 뽐낸다. 주인공 동해안 소라찜은 쫀득한 식감에 달고 고소한 맛이 일품. 무를 깔고 자작하게 조려낸 '진또배기' 가자미조림은 맛을 보자마자 엄지척.

수줍은 여인이 슬그머니 내어놓는
가자미조림과 소라찜이 멋지다.
반찬 그릇은 물감을 짜놓은 파레트로 보인다.

미경이네 횟집

섭미역국, 섭국

강원도 강릉시 주문진읍 해안로2017-1
☎ 033-662-7111

운영시간
10:00-01:00, 연중 무휴

주요메뉴
모둠회, 매운탕 섭미역국, 섭국

특이사항
해녀 사장님이 운영하며, 바닷가와 거리가 20미터로 바다를 한눈에 볼 수 있습니다.

활어회 외에 성게비빔밥, 물회, 섭국, 섭미역국이 좋은 집. 섭은 토종 홍합으로, 25년 큰 섭은 어른 손바닥만 한 크기를 자랑한다. 맑고 시원한 국물의 섭미역국과 칼칼하면서도 개운한 섭국은 별미다. 워낙 귀해 좀 비싼게 흠.

이 집에서 섭국과 섭미역국을 먹지 않으면 섭섭하다.
섭미역국은 '집에서 공부만 하는 애',
섭국은 '지금은 돌멩이 들고 뒷골목 다니지만
나중에 크게 될 놈'이다.
동해의 파도, 바람과 함께 예술을 맛봤다.

철뚝 소머리집

소머리국밥

강원도 강릉시 주문진읍
철둑길 42
☎ 033-662-3747

운영시간
06:00-18:00
둘째, 넷째 목요일 휴무

주요메뉴
소머리국밥, 소머리수육

진한 국물에 소머리 5가지 부위를 푸짐하게 결대로 썰어 넣은 소머리국밥은 이미 강릉 제일 국밥으로 통한다. 김치, 고추장짱아찌, 열무김치에 명태 아가미를 소금에 절인 서거리깍두기가 전부인 단촐한 찬이지만 이 국밥에는 충분하다.

간판이 안 보여서 두 바퀴를 돌았다.
그런데 어떻게들 알고 찾아들 오셨는지 손님이 많다.
이유는 국밥을 먹고 난 뒤 알았다.

벌집

장칼국수

강원도 강릉시 경강로
2069번길 15
☎ 033-648-0866

운영시간
10:30–18:30
휴식시간 15:00–17:00
화요일 휴무

주요메뉴
장·손칼국수

벌집 형태의 오래된 여관을 개조한 독특한 내부가 인상적. 주 메뉴인 장칼국수는 멸치 육수를 기본으로 집 고추장으로 끓여 비주얼만 보고 텁텁할 것이라는 편견을 깔끔하면서도 감칠맛 나는 국물로 반전시킨다. 쫀득한 면발에 올려진 소고기 고명, 아삭한 맛이 살아 있는 깍두기의 조합이 훌륭하다.

콜롬보 식당

갈매기살, 내장전골

강원도 강릉시 중앙시장3길 32
☎ 033-642-2543
010-9067-3087

운영시간
전화 문의

주요메뉴
갈매기살, 내장전골, 삼겹살,
소고기, 돼지등갈비

김치와 양념장, 쌈채소로 단촐한 상차림은 고기 본연의 맛에 대한 자신감이다. 육즙이 풍부한 갈매기살을 연탄불에 구워내 한 점 먹으면 엄청난 가성비에 놀란다. 여기에 기분에 따라 툭 던져주는 삼겹살 서비스까지. 마무리는 매콤하고 깔끔한 국물의 내장전골을 추천한다.

서산
제천
단양
공주
대전

대전 & 충청도

진로집

두부 두루치기

대전시 중구 중교로 45-5
☎ 042-226-0914

운영시간
11:00-22:00
휴식시간 15:00-16:30
연중무휴

주요메뉴
두부 두루치기, 두부전

40년간 대전 사람들의 입맛을 사로잡고 있는 두부 두루치기의 자존심. 무김치 하나와 뭉그러진 두부 비주얼에 실망하기 십상이지만 맛을 보면 반전이다.

다 으깨진 두부 고추씨와 멸치로 만든 국물을
스며들게 해서 만든다.
한 끼의 식사로, 소주의 안주로 썩 훌륭하다.
어렸을 적 두부 심부름을 할 때
이렇게 딱딱하고 맛없는 것을 왜 먹나 싶었다.
지금은 다르다. 다양한 두부가 만들어진다.
두부는 먹기도 수월하고 소화에 부담이 없다.
나는 남에게 두부 같은 인간이 아니다.
진즉 두부를 알았으면 좀 더 나은 인간이었을까?

소나무집

오징어찌개, 두부 부침

대전시 중구 대종로460번길 59
☎ 042-256-1464

운영시간
11:30-21:00
휴식시간 15:30-17:30
첫째, 셋째 월요일 휴무

주요메뉴
오징어찌개, 두부 부침

대전의 대표 맛 총각무 오징어찌개. 단일 메뉴로 60년을 이어온 이 집은 한마디로 강렬하다. 남은 국물에 칼국수까지 먹어야 제대로다.

강렬한 대전의 맛. 영업한 지 60년.
메인 메뉴인 오징어찌개는 알타리무의 군내로부터 시작한다.
11월 말에 만드는 김장 김치가 봄이 되면
꼴까지*가 끼이면서 나는 그 냄새.
그 냄새가 이 집에 들어서면서부터 코를 찌른다.
맨입으로 알타리 짠지를 먹으면 아주 힘든 맛인데
찌개에 섞어 끓이면 신맛과 떫은맛과 군내가 섞여서
묘한 맛을 연출한다.
단맛도 있다.
어떤 음식보다 강렬한 뒷맛을 기억할 것이다.

*꼴까지: 골마지의 방언. 물기 많은 음식물 겉면에 생기는 곰팡이 같은 물질.

형제집

연탄 불고기

대전시 중구 대흥로175번길 34
☎ 042-256-6474

운영시간
11:30-22:00
휴식시간 16:00-17:00
첫째, 셋째 일요일 휴무

주요메뉴
연탄 불고기

절도 있는 손동작으로 연탄불에서 돼지를 구워내는 사장님의 손길에서 고수의 풍미를 느낀다. 잘 구워진 고기를 비법 간장에 찍으면 반주 생각이 절로 난다.

53년 역사의 형제집은 돼지고기 연탄구이를 고집한다.
가스 위의 무쇠 판 위 고기에 없는 불 맛을 내기 위해서다.
약간 달긴 해도 불편할 정도는 아니다.
연탄! 하면 생각나는 것은 연탄가스다.
벌어진 방바닥 틈으로 연탄가스가 새 나와
많은 사람들이 생을 중단했다.
세상살이는 항상 위험하다.

가마골 쉼터

들깨 감자 옹심이

충북 단양군 가곡면 새밭로 547-8
☎ 043-422-8289

운영시간
12:00-19:30
휴식시간 15:00-17:00
월요일 휴무

주요메뉴
들깨 감자 옹심이, 감자전, 찜닭,
닭볶음탕

주문을 하면 감자를 바로 깎아 감자 녹말에 반죽해 쑥칼국수와 함께 끓여내는데 쫀득하게 맛있다. 황태를 넣은 시원한 맛이 포인트.

감자 수제비, 쑥국수, 황태, 들깻가루를 넣고 끓였다.
저 멀리 논두렁에 삽 들고 가는 농부랑
가끔 지나가는 차가 이 집 손님일 텐데
내륙 지방 음식의 진수를 맛보았다.

대산 원조 마늘 순대

마늘 순대, 곱창 순대 전골

충북 단양군 단양읍 도전5길 32
☎ 043-421-5400

운영시간
09:00~21:00
연중무휴

주요메뉴
마늘 순대, 곱창 순대 전골,
순댓국밥

구운 마늘을 순대 안에 콕콕 박아놓은 마늘 순대와 얼큰한 곱창 순대 전골이 주 메뉴이다. 현지 사람들은 곱창 순대 전골에 순대를 푹 담갔다가 먹는다. 밥으로 먹어도 좋고 안주로도 그만이다.

덩실 분식

찹쌀떡, 찹쌀도넛

충북 제천시 독순로6길 5
☎ 043-643-2133

운영시간
09:00-19:00(재료 소진 시 마감)
일요일 휴무

주요메뉴
찹쌀떡, 찹쌀도넛

특이사항
비정기 휴무일은 '덩실 분식' 공식 블로그를 참고하면 됩니다.

찹쌀떡, 찹쌀도넛으로 이미 생활의 달인에 출연한 적이 있는 유명세가 상당한 곳이다. 한 번쯤 줄을 서서 먹어도 괜찮은 집.

제천 시락국

시래기밥, 시래기국

충북 제천시 의림대로2길 16
☎ 043-642-0207

운영시간
06:00~19:00
휴식시간 14:00~17:00
월요일 휴무

주요메뉴
시래기밥, 시래기국, 콩국수

푹 삶은 시래기를 바로 지은 밥과 들기름에 한번 볶은 시래기밥에 깨를 듬뿍 뿌려 맛을 더했다. 시래기국은 멸치 황태 기본 육수에 큼지막한 가자미를 넣어 시원함을 배가했다. 장아찌 모둠이 특별하다.

지금껏 먹었던 시래기 요리와 차원이 다르다.
유명 요리 학교를 나왔다고 자랑 마라.
졸업장 없는 내륙의 촌부가 만들어낸
이 맛은 형식을 넘어선 감각이다.
예술이다.

시골 순두부

두부찌개, 산초 두부구이

충북 제천시 중말8길 22
☎ 043-643-9522

운영시간
11:30-19:00
둘째, 넷째, 다섯째 일요일 휴무

주요메뉴
두부찌개, 산초 두부구이

매일 새벽마다 직접 만드는 흰 순두부는 양념간장을 넣어 심심하게 먹고, 고춧가루를 넣어 칼칼하게 먹는 두부찌개는 고기 한 점 들어가지 않아도 묵직한 맛이 있다. 산초기름에 구운 두부가 하이라이트

동네 깊숙한 곳에 깊은 맛이 있었다.
이 집의 두부 요리 중에서는 두부찌개가 압권이다.
제발 영업 잘된다고 시내로 나가지 말길….

쉼터 식당

고등어구이 백반

충남 서산시 부석면 천수만로 658-39
☎ 041-662-7267

운영시간
10:30-19:00
휴무는 전화 문의

주요메뉴
고등어구이 백반,
서리태 콩국수

30년 묵은 씨간장으로 맛을 내는 싸고 맛있는 향토 백반. 재료의 맛을 살려낸 집밥 같은 백반에 인심 좋은 사장님의 정은 덤.

지은이네 태진호

제철 수산

충남 서산시 대산읍 삼길포1로 72-2
☎ 010-5495-1358

운영시간
08:00-20:00(주말은 21:00까지)
둘째, 셋째 화요일 휴무

주요메뉴
제철 수산

특이사항
제철 회를 떠서 판매합니다.

삼길포 해풍에 꾸덕하게 말린 토박이표 우럭 젓국과 묵은 김장 김치에 생우럭을 넣어 끓여낸 찌개가 일품, 토박이들만 먹는다는 간재미포 무침은 숨겨진 진미다.

정성 맛집

꽃게찌개, 바지락 초무침

충남 서산시 시장3길 3
☎ 010-4830-9083

운영시간
11:00-19:30 마감시간 전화 문의
연중무휴

주요메뉴
꽃게찌개, 바지락 초무침

특이사항
수산물을 사 가지 않아도 식당에서 대신 구매 가능하며, 정해진 메뉴 없이 원하는 대로 조리 가능합니다.

시장에서 먹고 싶은 재료를 사가지고 가면 주인이 알아서 제철에 가장 맛있게 요리해 내준다. 재료에 따라 가격은 다르지만 부담스럽지 않다.

늘푸른솔

시래기 통통장 정식, 토종 닭백숙, 촌두부

충남 공주시 사곡면 정안마곡사로 1198
☎ 041-841-6387

운영시간
11:30-22:00
연중무휴

주요메뉴
시래기 통통장 정식, 청국장 백반, 토종 닭백숙, 촌두부

농가에서 직접 기른 재료로 졸이고 담그고 무쳐낸 정갈한 반찬이 먼저 손을 가게 한다. 충청도식 청국장인 통통장에 시래기 통통장 정식을 완성하는 시래기와 굴비와의 만남은 식객의 허를 찌른다.

우물에서 물 긷던 시골 처녀가
정성 가득 한 상 차려냈다.
통통장은 이 집 음식의 꽃이다.
걷다 지친 나그네의 시름을 걷어내누나.

청양 분식

잔치국수, 비빔국수, 콩국수

충남 공주시 산성동 186-118
☎ 041-855-6049

운영시간
10:00-16:00
일요일 휴무
(장날에는 영업합니다.)

주요메뉴
잔치국수, 비빔국수, 콩국수

멸치 육수에 토렴해 말아내는 잔치국수. 고명과 양념이 들어 있는 국수를 잘 섞어 아삭한 겉절이를 더하면 젓가락을 멈추지 못한다.

53년간 한결같은 맛.
짭조름한 맛의 조화는 돌아서면 생각난다.
연인을 두고 가는 연인의 마음과 똑같다.

시장 정육점 식당

알밤 육회비빔밥, 선지 해장국

충남 공주시 백미고을길 10-5
☎ 041-855-3074

운영시간
11:00-22:00
일요일 휴무

주요메뉴
알밤 육회비빔밥, 한우 갈비탕,
선지해장국, 따로국밥, 육회 냉면

노란 유기 그릇에 담긴 빨갛고 하얀 자태는 눈이 먼저 반할 맛 양배추, 깻잎, 숙주나물, 당근, 잣, 김, 그리고 노란 밤과 육회가 어울려 입이 호강한다. 고추장을 적게 하여 재료의 맛을 살려준 섬세한 비빔밥이다.

드러나는 듯 드러나지 않는 고명들이
육회를 에워싸고 공주를 노래한다.
이 집의 다른 음식까지 궁금해졌다.
3일을 눌러앉아야겠다.

무궁화 회관

무궁화 전골

충남 공주시 당간지주길 8-1
☎ 041-852-8383

운영시간
전화 문의, 전화 예약 필요

주요메뉴
무궁화 전골, 불고기 버섯전골

특이사항
계절에 따라 반찬의 종류와 가짓수가 다릅니다.

전국에서 모여든 하숙생들의 입맛을 맞춰낸 팔도의 25가지 반찬이 상다리가 휘어질 정도. 낙지, 소고기 갈빗살, 어묵, 유부가 꽉 들어찬 전골은 손이 크기로 소문난 주인장의 인심이 돋보인다.

계룡산 묵사랑

도토리 냉묵밥, 도토리 웰빙 피자

충남 공주시 전진배길 389
☎ 041-857-4567

운영시간
09:00-일몰 시
월요일, 화요일 휴무

주요메뉴
도토리 냉묵밥, 도토리 웰빙 피자, 도토리전

도토리묵인지 젤라틴인지 분간이 안 가는 탱탱한 묵. 오로지 묵 하나만으로 승부해온 주인이 내놓은 도토리묵과 두부, 묵밥에 도토리 특유의 쌉쌀하고 깊은 맛이 있다.

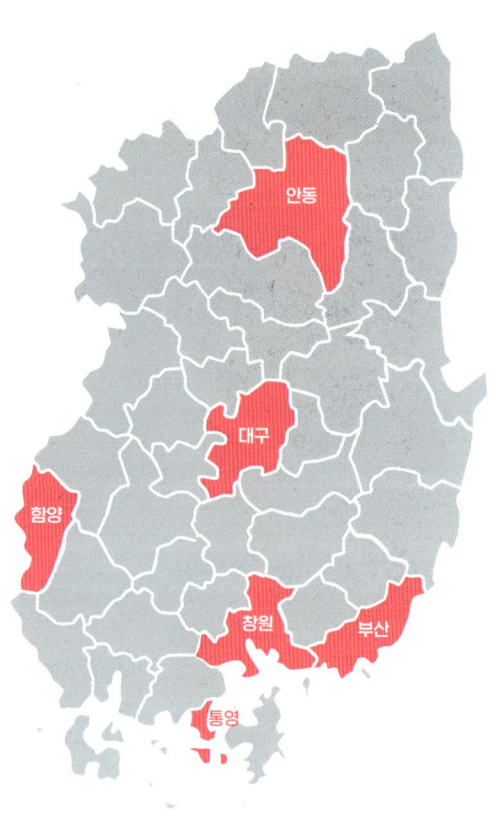

부산 & 대구 & 경상도

중리 해녀촌

문어, 모둠 해물

부산시 영도구 절영로 355
☎ 010-8671-3271

운영 시간
11:30-19:30
연중무휴

주요메뉴
문어, 모둠 해물

특이사항
제철에 따라 해산물이 변경됩니다.

해녀가 직접 잡아 온 제철 싱싱한 해산물을 맛볼 수 있는 곳이 부산에도 있다. 가격은 그때그때 다르다.

부산 영도 중리 해녀촌.
여덟 명의 제주 출신 해녀들이 40년간 꽉 잡고 있는 곳이다.
제주도 여성들은 생활력이 아주 강하다.
어느 누구도 이 영역을 침입할 수 없을 게다.
72세부터 82세의 할머니들이 물질을 한다.
힘이 넘친다. 그래도 여성들이다.
해녀복을 벗고 사복을 입고 나왔는데
그새 화장을 하고 나왔다.

수복 센타

스지 어묵탕, 나막스구이, 타다키

부산시 중구 남포길 25-3
☎ 051-245-9986

운영시간
16:30~01:30
첫째, 셋째 일요일 휴무

주요메뉴
스지 어묵탕, 나막스구이, 타다키

특이사항
제철에 따라 해산물이 변경됩니다.

부산의 명물 어묵에 스지(소 힘줄), 그리고 각종 재료를 토렴으로 뭉근하게 맛을 우려내는 내공에 절로 술이 당긴다. 담백하고 쫄깃한 나막스(말린 새끼 메기)구이와 싱싱한 광어를 뼈째 다져 양념한 타다키가 일품.

스지 오뎅탕집이다.
메뉴를 보니 메인보다 그 밑의 음식이 궁금하다.
타다키. 내가 생각하는 그것일까.
생선뼈를 칼로 두드려 먹는 걸 주문했다.
광어를 칼로 다져서 나온단다.
칼이 아니라 믹서기로 갈아서 양념한 것이었지만
워낙 좋아하는 것이라서 너무 반가웠다.
양념에는 양배추가 많이 들어가서 떫은 맛이 있었으나 용서된다.
배가 몹시 불렀는데도 밥에 비벼서 뚝딱 해치웠다.

가마솥 돼지국밥

돼지국밥

부산시 영도구 남항시장길 350
☎ 051-413-8609

운영시간
8:00-23:00
첫째, 셋째, 다섯째 일요일 휴무

주요메뉴
돼지국밥, 내장국밥, 순댓국밥

특이사항
주차장은 따로 없으니 시간을 확인하셔서 가게 주변 빈 곳에 주차하세요.

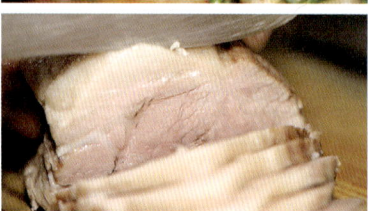

돼지 사골을 12시간 푹 고아 고소하고 걸쭉한 국물에 정구지(부추)를 넣으면 아삭한 식감이 풍미를 더해주는 부산 사람들의 소울 푸드가 완성된다.

미가 식당

냄비밥, 낙지볶음

대구시 달서구 달구벌대로 309길 10
☎ 053-526-6675

운영시간
10:30-21:00
주말 휴무

휴무일
1월1일, 설날, 추석, 일요일

주요메뉴
냄비밥, 낙지볶음, 돼지볶음, 코다리찜

주문한 메뉴 외에는 셀프, 점심 술 불가, 저녁 9시 영업 종료. 이런 주인의 고집에도 손님의 발길이 이어지는 것은 즉석에서 지어낸 일품 냄비밥 덕분이다.

삼미 식당

소갈비찜, 돼지갈비찜

대구시 중구 큰장로28길 25
☎ 053-255-3123

운영시간
10:00-21:00

주요메뉴
소갈비찜, 돼지갈비찜

특이사항
'삼미찜갈비'로 검색 가능합니다.

양은 냄비에 담겨 나온 칼칼한 돼지갈비와 청국장의 어울림이 묘한 매력. 대구 무더위를 이겨내려면 매운 맛은 기본이다.

3단계의 매운맛이 있다.
3단은 위험해서 중간 매운맛을 주문했다.
맵다. 뜨거운 청국장을 떠 넣으니 입에서 불이 난다.
그런데 자꾸 젓가락은 고기를 입에 넣고 있다.
반쯤 남은 밥을 볶았다. 더 맵다.
분명 뭔가 도망치지 못하는 약을 넣었다.
중독성이 강한 음식이다.

화개장터 가마솥국밥

소고기국밥, 육국수

대구시 북구 구암로42길 6
☎ 053-323-4998

운영시간
10:30-재료 소진 시
화요일 휴무

주요메뉴
소고기국밥, 육국수, 잔치국수

마당의 자갈과 툇마루까지 정겨운 외갓집에 온 듯하다. 부엌에서 팔팔 끓고 있는 가마솥에는 노부부의 고집과 자존심인 사골이 고아지고 있다. 고소한 국물에 고기가 넉넉하게 들어간 소고기국밥은 추억까지 든든하다.

생각했던 것보다 건더기가 많다.
소고기, 파, 고사리, 무가 들어가 있다.
옛날 어머니의 소고깃국과는 달랐지만
어머니가 생각나는 것은 맛이 닮았기 때문일 거다.
어머니가 보고 싶다.

장원 식당

한우 생고기, 육회

대구시 중구 태평로 256
☎ 053-427-4363

운영시간
17:00-21:00
연중무휴

주요메뉴
한우 생고기, 육회, 양지머리

특이사항
테이블 3개 노포. 주말, 공휴일에는 뭉티기를 판매하지 않습니다.

테이블이 단 3개뿐인 노포집, 뭉텅뭉텅 썰어낸 육회를 며느리에게도 가르쳐주지 않은 양념장에 찍으면 한없이 먹을 수 있을 것 같다. 퇴근길 소주를 부르는 집

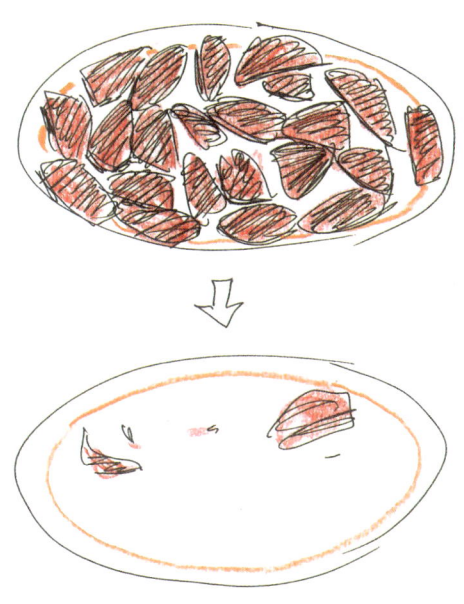

너무 싱싱하고 맛있다.
순식간에 접시를 비우고 한 접시 추가!
기름지지 않아서 한없이 들어갈 수 있겠다.

시골 갈비

한우 생갈비, 한우 양념갈비

경북 안동시 음식의길 14
☎ 054-857-6667

운영시간
11:00~21:30
연중무휴

주요메뉴
한우 생갈비, 한우 양념갈비

안동식 갈비는 주문 즉시 다진 마늘과 함께 양념을 바로 묻혀 나가는 것이 특징. 고소하고 씹는 식감이 뛰어난 이 집의 비법은 암소가 아닌 황소를 사용한다.

갈비찜(고춧가루를 늦에가 넣세요)

안동 음식은 맵고 짜다.
매운맛은 고춧가루가 살아서 찌르듯이 혀를 공격한다.
안동은 암소는 눈길도 주지 않는다.
황소만 사랑한다. 고기가 고소하고 차지다.
다른 맛의 등장을 용서하지 않는다.

효자 통닭

조림닭

경북 안동시 당북길 54
☎ 054-853-8890

운영시간
11:00-21:30
월요일 휴무

주요메뉴
조림닭, 찜닭, 마늘닭

특이사항
재료 소진 시 마감합니다.

찜닭을 조금 더 졸여 국물 없이 만들면 조림닭이 된다. 찜닭과 다르게 당면이 없고 감자와 떡 조금에 나머지는 모두 닭고기다. 달콤하면서도 묵직하고 칼칼한 매운 맛이 매력적이다.

안동에는 닭 요리가 많다.
찌고, 볶고, 튀기고, 삶고….
닭 한 마리로 3인 식사가 거뜬하다.
옆자리의 처녀가 말했다.
"지는 닭 한 마리 다 묵고 국물에 밥 한 그릇 더 비비서 마무리합니더."

전국의 총각들이여 명심하라.
안동 색시는 식비가 많이 든다.

은혜 추어탕

추어탕, 명태전

경남 창원시 마산합포구 산호시장길 35
☎ 055-245-1441

운영시간
11:00-17:00
연중무휴

주요메뉴
추어탕, 명태전

특이사항
17시 이후 추어탕 포장 가능합니다.

멸치젓갈, 된장, 간장 등 직접 담근 재료를 사용한다고 당당히 써 붙여놓은 자부심이 대단하다. 백반집에 뒤지지 않는 정갈한 반찬에 국물이 맑은 경상도식 추어탕은 명품이다.

맛이 깊다. 예술이다. 엄지 '척'이다.
이런 식당이 집 주위에 있다면 얼마나 좋을까.

화성 갈비

한우 갈비, 한우 갈비탕

경남 창원시 마산합포구 오동서 7길 36
☎ 055-246-9194

운영시간
12:00-21:30
월요일 휴무

주요메뉴
한우 갈비, 한우 불고기,
한우 갈비탕

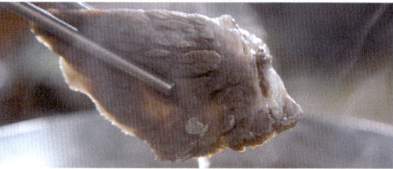

날마다 소갈비를 직접 골라와 손질하고 재우는 일까지, 한우 갈비도 맛있지만 갈비와 양지를 넣고 푹 끓여 맑으면서도 진하고 담백한 갈비탕도 일품이다.

갈비탕이야 흔한 음식이지만 이 집은 고기가 매우 좋다.
그러니 맛도 좋다.
고기를 묵묵히 다듬고 있는 노부부의 칼질이 세월을 말한다.
이 집의 갈비살구이도 다른 집과 비교할 수 없는 맛의 깊이가 있다.

휘모리

미더덕 비빔밥, 탱수국

경남 창원시 마산합포구
중앙남1길 9-1
☎ 055-241-5388

운영시간
09:30-21:30
연중무휴

주요메뉴
미더덕 비빔밥, 탱수국

봄 도다리 미역국, 성게 비빔밥, 생선회, 여름 물회, 장어구이, 장어 매운탕, 겨울 생대구탕, 물메기탕, 탱수국 등 제철 생선국을 시원하고 깔끔하게 즐길 수 있는 집이다.

탱수라니….
처음 듣는 생선 이름이다.
삼세기의 방언이다.
이 집 메뉴에는 사철을 맛볼 수 있게
다양한 생선들이 쓰여 있다.

동방 횟집

가오리 조림, 우럭 감자 조림

경남 창원시 진해구 해원로 20
☎ 055-545-0409

운영시간
11:30-22:00
휴무는 전화 문의

주요메뉴
가오리 조림, 우럭 감자 조림

자연산 회를 주 메뉴로 하고 있는 횟집이지만 된장을 베이스로 한 싱싱한 가오리와 푹 익힌 무가 환상적인 조합을 이룬 가오리 조림이 명품이다.

갑을 식당

곱창 전골

경남 함양군 함양읍 함양로 1106
☎ 055-962-3540

운영시간
11:30-21:30
휴식시간 14:30-17:30
연중무휴

주요메뉴
곱창 전골, 소고기 버섯 전골, 소고기 불고기 백반, 소고기 소금구이

조미료를 쓰지 않고 사골 육수에 후추, 고춧가루, 마늘을 듬뿍 넣어 맛을 낸 이 집의 곱창 전골은 봄 냉이와 야채로 시원함까지 더했다. 양, 대창, 벌양, 곱창, 염통까지 국내산 소곱창을 아낌없이 넣어 골라 먹는 재미도 솔솔.

청학산

콩잎 곰국 정식

경남 함양군 함양읍 구룡리 641-5
☎ 055-962-4183

운영시간
10:00-21:00
둘째, 넷째 월요일 휴무

주요메뉴
콩잎 곰국 정식, 돌솥 두루치기,
버섯 전골

특이사항
주말에는 콩잎 곰국 정식만 주문 가능합니다.

남도 백반 저리 가라 할 정도의 반찬인데 하나같이 밥도둑이라 할 만큼 맛있다. 67년 노포의 저력은 콩잎 곰국에서 빛을 발한다. 푹 고아낸 곰국의 살짝 느끼한 맛을 잘 잡아준 콩잎에 세월의 지혜가 엿보인다.

콩잎 곰국이 주목 대상이다.
어린 콩잎을 따서 잔털을 없애고 말렸다가 1년 동안 쓴다.
콩잎으로 어떻게 이런 맛을 낼 수 있을까?
〈백반기행〉의 보물 창고는 차곡차곡 채워진다.

대성 식당

소고기국밥, 수육

경남 함양군 함양읍 용평6길 4
☎ 055-964-5400

운영시간
11:00-20:00
연중무휴

주요메뉴
소고기국밥, 수육

수육과 소고기국밥 단 두 가지. 정갈한 기본 반찬 뒤에 아롱사태를 고집한 자작한 국물의 수육은 부드럽고 아주 맛있다. 수육 국물에 쌀뜨물을 넣어 더 맑게 끓여낸 소고기국밥은 60년의 지역 명물.

100년 가옥, 40년 내공.
수육 접시에 국물이 자박자박하다.
덕분에 고기가 마르지 않는다.
주인의 수줍음이 아직도 눈에 아른거린다.

조샌집

메기 매운탕, 어탕 국수

경남 함양군 함양읍 학사루길 36
☎ 055-963-9860

운영시간
10:00-21:00
둘째, 넷째 목요일 휴무

주요메뉴
메기 매운탕, 메기찜, 어탕 국수

아들이 함양 맑은 물에서 붕어, 메기, 피라미 등을 잡아 오면 어머니는 뽀얀 국물이 나올 때까지 푹 끓인 뒤에 살을 발라내고 국수와 얼갈이배추, 고춧가루를 풀어 다시 끓여낸다. 먼 길 달려온 보람을 맛볼 수 있다.

돈벌이는 하지 않고 민물고기 잡아 어탕 끓이고
술만 마셨던 남편이 어지간히 미웠다.
그러나 욕하지 마시라.
그 어탕이 이 집의 시작이다.
40년 내공은 남편의 혜안이 아니고 무엇이겠는가.

훈이 시락국

시락국

경남 통영시 새터길 42-7
☎ 055-649-6417

운영시간
07:00-18:00
연중무휴

주요메뉴
시락국

생기 넘치는 서호시장 상인들의 아침을 책임지고 있는 5,000원 시락국의 기쁨. 한식 뷔페처럼 잘 차려진 18가지 찬과 생선 삶은 육수에 시래기를 넣고 끓여낸 시락국은 타의 추종을 불허한다.

쌀뜨물에다 장어머리를 넣어 끓인 국물은
심하게 고소하다.
반찬이 기역 자로 진열되어 있다.
통영의 배포인가 인심인가.
통영 사랑이 점점 쌓인다.

팔도 식당

도다리 쑥국, 장어구이 백반

경남 통영시 안개2길 25-6
☎ 055-642-6477

운영시간
06:00-21:00
연중무휴

주요메뉴
도다리 쑥국, 장어구이 백반

쑥 향과 도다리가 절묘하게 어우러진 봄의 전령사 도다리 쑥국과 함께 부드러운 문어 무침, 현지에서나 맛볼 수 있는 장재젓에 참기름과 다진 마늘로 간을 한 대구알젓을 맛보는 것은 행운이다.

장재젓, 대구알젓, 도다리 쑥국.
여러 가지 반찬에 피아노 건반이 생각나는 건 왜일까요?
각기 음색이 다르듯 맛이 다릅니다.
도다리의 부드러운 맛이 감싸고 있는
쑥의 향기는 봄의 전령입니다.

통영 식당

멸치 쌈밥

경남 통영시 통영해안로 213
☎ 055-647-0188

운영시간
09:00-20:00
휴무는 전화 문의

주요메뉴
멸치 쌈밥, 멸치회

통영의 봄을 알리는 또 하나의 음식은 바로 멸치 조림. 묵은 김치로 자작하게 조려낸 멸치 조림을 밥과 함께 상추쌈으로 먹는 것이 멸치 쌈밥의 정석이다. 멸치회 무침도 별미다.

남해의 봄은 멸치가 대세다.
멸치회, 멸치구이. 그중 멸치 쌈밥이 최고다.
봄에 이것을 놓치면 겨울에서 바로 여름으로 넘어간 것이다.
봄을 도둑맞은 것이다.

물레야 소주방

반다찌

경남 통영시 동충3길 41-3
☎ 055-649-0079

운영시간
15:00-22:00
마감시간 전화 문의

주요메뉴
반다찌

1인당 2만 원을 투자하면 통영의 바다를 통째로 맛볼 수 있는 제철 해산물과 술이 만나는 곳. 메뉴는 따로 없고 주인이 제철에 맞춰 싱싱한 해산물을 그때그때 준비해 내준다. 클래스가 다르다.

계속 나오는 음식.
메인과 엑스트라가 따로 없다.
얘기 나누다가 싸우면 화해하기 위해
또 와야 하는 사랑방이다.
통영의 진면목이다.

산양 식당

멍게 비빔밥, 소머리 곰탕

경남 통영시 강구안길 29
☎ 055-645-2152

운영시간
11:00-20:30
명절 휴무

주요메뉴
멍게 비빔밥, 소머리 곰탕,
막곰탕, 수육 백반

70년 노포의 멍게 비빔밥은 안동의 헛제삿밥과 닮아 있다. 통영식 소머리 곰탕도 담백한 국물에 단백질 보충용 생계란이 들어 있어 특별한 맛이다.

가서야는 무거워

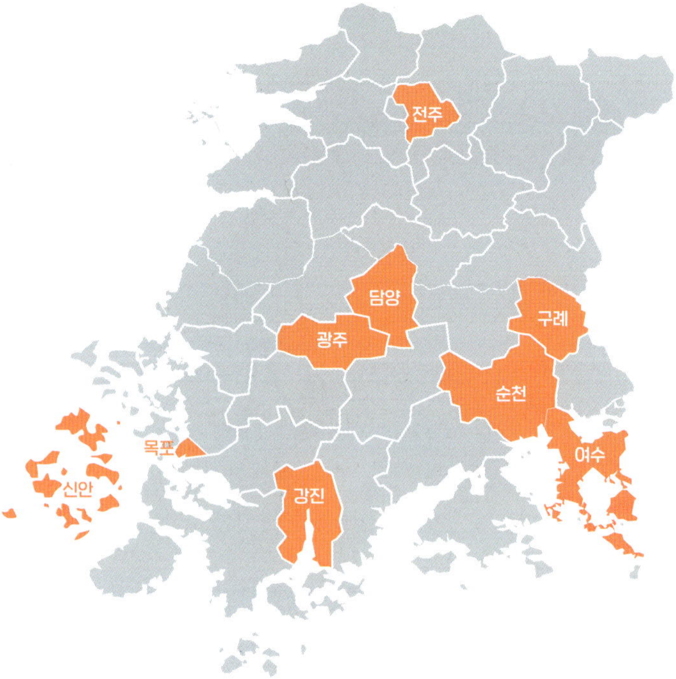

전주

담양
광주
구례
순천
목포
여수
신안
강진

광주 & 전라도

원조 두유

콩물 국수, 두텁떡

광주시 동구 무등로 513-2
☎ 062-263-2690

운영시간
05:00-22:00
연중무휴

주요메뉴
콩물 국수, 두텁떡

오랜 역사를 자랑하는 이곳에서는 아직도 맷돌로 갈아 만든 콩물이 인기. 3,000원 콩물 한 그릇을 만들기 위해 80대 노부부는 3일간 정성을 쏟는다.

무등산 등산로 입구에 자리 잡은 지 50년.
지금은 건물들로 꽉 차버려 등산로의 흔적이 없다.
반찬 냄새 없는 식당은 처음이다.
두유만 만드니까 잡냄새는 없고 구수한 맛만 있다.
음식에서 조용하고 편안함을 느낀다.
되직한 콩국은 한 끼 식사로 충분하다.
83세, 89세 노부부의 거동이 불안불안하다.
아직도 거들지 않고 있는 네 명의 아들들 잘못이 크다.

광신 보리밥

보리밥 백반

광주시 북구 두리봉길 2-1
☎ 062-264-1811

운영시간
10:00-20:00
명절 휴무

주요메뉴
보리밥 백반

메뉴는 7,000원 보리밥 하나. 20여 가지 반찬에 제육볶음과 된장찌개까지 진수성찬이다. 나물을 듬뿍 넣고 고소한 기름과 양념장으로 비벼 먹는데, 토하젓을 넣어주는 게 단골들의 추천 레시피.

24찬. 열무잎 쌈을 오랜만에 먹었다.
즙이 울컥, 정이 울컥, 맛이 울컥.
열무잎에서 나오는 순수하디 순수한 맛은
쉽게 만나지 못할 자연의 맛이다.
반찬이 싱겁다.
모두 모아 밥을 비비면 짜지니까 싱겁게 간을 한단다.
또 한 수 배웠다. 배우는 것은 즐겁다.

육전 명가

육전

광주시 서구 상무자유로 174
☎ 062-384-6767

운영시간
12:00-22:00
연중무휴

주요메뉴
육전, 키조개전, 홍어전, 굴전(겨울)

손님 앞에서 직접 구워주는 아롱사태로 만든 육전에 묵은지와 파절이, 갈치속젓과 함께 싸 먹으면 그 맛이 일품이다. 삼합으로 즐기는 육전이다.

육전은 반가의 음식이다.
젓갈의 역할을 최근에야 알았다.
육전을 묵은지와 파절이에 쌀 때
멸치젓갈을 조금 얹으면 육전의 느끼함이 사라지고
한층 깊은 맛을 느낄 수 있다.
젓갈은 우리 음식의 주축이다.

무등 분식

상추 튀김

광주시 북구 독립로 249
☎ 062-522-0964

운영시간
11:00-21:00
일요일 휴무

주요메뉴
상추 튀김, 모둠 튀김, 순대, 떡볶이

모둠 튀김, 순대, 김밥, 여기까지는 예상이 가능하다. 그런데 상추 튀김이라니? 튀김을 상추에 싸서 넣어 먹는 독특한 형태로, 양파와 고추를 소스에 묻혀 싸 먹으면 그 조합이 찰떡이다.

튀김을 상추에 싸서…
환상적인 조화.

광주 식당

백반, 팥칼국수

전남 강진군 강진읍 시장길 17-14

운영시간
끝자리 날짜 4일, 9일에만 영업

주요메뉴
백반, 팥칼국수

강진 5일장(4일, 9일) 오감통 내에 있는 식당으로 장이 서는 날만 문을 연다. 5,000원에 시장 사람들의 끼니를 책임지는 백반과 사랑방 같은 편안한 분위기는 단연 최고.

어머니의 팥칼국수가 생각난다.
어머니는 팔 남매를 먹일 음식을 걱정하느라 세월 다 보냈을 것이다.
한겨울 이걸 만들어서 절반은 식구들이 먹고
나머지는 마루에 내놓으면 다음 날 아침
식어 있는 팥칼국수를 만난다.
둥그런 상에 앉은 가족들이 입에 팥죽을 묻혀가면서
한 끼니를 채우던 그날….
팥칼국수 맛은 아직 변하지 않고 그대로 남아 있다.

우리 식당

백반, 한정식

전남 강진군 도암면 항촌리 1128-1
☎ 061-432-0027

운영시간
10:00-19:00
연중무휴

주요메뉴
백반, 한정식

특이사항
8천원 백반부터 1만 원, 1만 5천 원 등 가격에 따라 반찬 가짓수가 다릅니다.

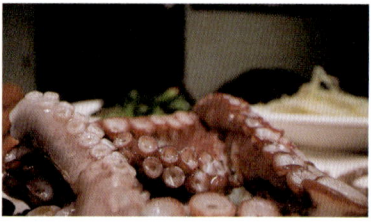

한적한 도암면 소재지에 있는 식당으로 한상 가득 주변에서 나는 신선한 재료를 사용해 17가지 제철 반찬을 내주는 식당. 남도의 집밥을 느끼려는 사람에게 강추.

미락 식당

꽃게 비빔밥, 생선구이

전남 목포시 백년대로231번길 12
☎ 061-272-3828

운영시간
11:30–21:00
휴식시간 15:00–17:00
월요일 휴무

주요메뉴
꽃게 비빔밥, 생선구이

특이사항
제철에 따라 생선 종류가 변경됩니다.

김가루와 참기름을 넣은 대접에 밥을 비빈 후 꽃게살을 얹으면 천상의 맛이 된다. 그날 그날 가장 좋은 생물 생선으로 구워내는 생선구이 백반도 일품이다.

돌집

먹갈치찜 백반

전남 목포시 번화로 67
☎ 061-243-3586

운영시간
08:00-20:00
연중무휴

주요메뉴
먹갈치찜 백반, 육회, 제육볶음

특이사항
백반 반찬의 종류와 가짓수가 계절에 따라 변경됩니다.

웬만한 서울 한정식이 부럽지 않은 목포 백반의 위엄. 조기찌개, 먹갈치찌개에 딸려 나오는 맛스러운 예닐곱 가지 반찬은 항구도시 목포에서만 맛볼 수 있는 바다 맛이 제대로 살아 있다.

다니구치 지로의 만화 〈고독한 미식가〉에 이런 글이 나온다.
"처음 가보는 식당을 들어갈 때는
언제나 대단한 용기가 필요하다."

손님이 많은가 적은가?
많으면 식사 때 집중할 수 없는데 자리 배치는?
다른 곳을 가볼까?
제일 중요한 맛은 어떨까?
맛의 보물섬을 찾기는 쉽지 않다.

은지네 해장국

뼈해장국

전남 목포시 삼학로18번길 2-1
☎ 061-245-5033

운영시간
07:00-20:00
첫째, 셋째 수요일 휴무

주요메뉴
뼈해장국, 선지국, 내장국,
북어 콩나물국

맑고 산뜻한 국물의 비법은 질 좋은 생뼈를 센 불로 푹 끓이고 중간 불로 은근히 끓이며 불순물을 제거하는 주인의 정성이다. 뱃사람들의 숙취를 책임지고 있는 것으로 맛은 이미 검증된 셈.

우정 식육 식당

수육 무침, 소고기 낙지 탕탕이

전남 목포시 신흥로69번길 18-1
☎ 061-281-4646

운영시간
10:00-22:00
연중무휴

주요메뉴
수육 무침, 소고기 낙지 탕탕이,
생고기, 육회

매일 직접 골라온 아롱사태를 삶아 내 각종 야채와 함께 무쳐내는 수육 무침은 목포 사람들의 시그니처 메뉴. 육회와 낙지를 함께 맛볼 수 있는 소고기 낙지 탕탕이를 양파에 얹어 먹는 것도 상상하기 어려운 맛이다.

가락지 죽집

쑥꿀레, 단팥죽

전남 목포시 수문로 45
☎ 061-244-1969

운영시간
09:00–22:00
연중무휴

주요메뉴
쑥꿀레, 단팥죽, 전복죽,
해물 칼국수, 식혜

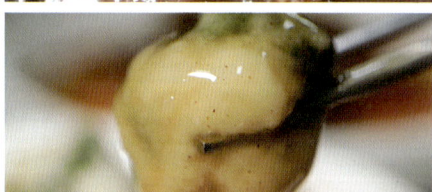

쑥꿀레를 조청에 묻혀 한 입 먹으면 누구라도 그 독특함에 반한다. 여기에 메인인 팥죽은 주인의 정성이 더해져 단골들의 마음을 달달하게 한다.

쑥꿀레

이런 음식 처음이다. 꿀에 담가서 먹는다.
쑥떡에 팥고물을 입히고 꿀에 담근 것은
팥고물이 녹아서 건져 먹기 쉽지 않다.
맛도 꿀맛이 강해서 원래의 맛을 찾기 쉽지 않다.
쑥꿀레는 꿀에 담그지 않고 먹어야 한다.
첫맛은 자극적이지 않아서
한참 입안에 두고서야 은은한 뒷맛을 느낀다.
다시 먹고 싶은 맛이다.

영란 횟집

민어회, 민어전, 민어탕

전남 목포시 번화로 42-1
☎ 061-243-7311

운영시간
08:00~22:00
연중무휴

주요메뉴
민어회, 민어전, 민어탕

50년 경력의 고수가 내놓은 민어 요리. 민어회, 민어 부레, 민어전, 민어 초무침, 민어 매운탕을 코스로 맛보는 것은 감탄이다.

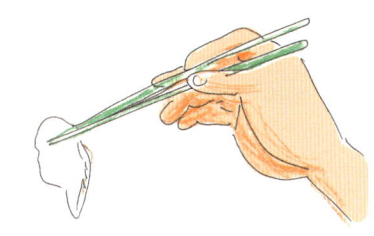

평소 민어는 탕과 전이 좋고 회는 별로라고 여겼으나
이곳의 민어회 맛은 썩 좋았다.
굳이 따지자면 민어의 살이 단단하지 못해서
두껍게 썰면 입안에 들러붙는 느낌이 좋지 않았던가?
이 집은 깍둑 썰지 않고 포를 떠서 차이가 있었을까?
나중에 두 가지를 놓고 확인해볼 일이다.
다음부터는 포 뜬 민어회를 멀리하지 않겠다.
(다만 부레가 맛있다는 것은 100퍼센트 동의하지 않는다.)

하나로 식당

병어 조림

전남 신안군 암태면 장단고길 33-17
☎ 061-271-3400

운영시간
08:00-20:30
연중무휴

주요메뉴
병어회, 병어 조림, 우럭 간국, 갈치 조림

초여름 찾아온 병어는 버릴 게 없다. 두툼하게 썰어낸 회는 고소하고 양념이 잘 밴 병어 조림만도 벅찬데 빼곡하게 차려진 신안의 풍성하고 맛깔스러운 반찬은 보는 것만으로 호사스럽다.

지금까지 먹었던 병어 조림은 기억에서 지우겠습니다.
백반의 보물섬! 이럴 때면 집 나선 것이 보람차다.

나들목 맛집

전복 톳밥, 전복장 정식

전남 신안군 임자면 진리길 2
☎ 061-275-2350

운영시간
10:30–21:00
연중무휴

주요메뉴
전복 톳밥, 전복장 정식,
마른 우럭 지리탕, 장어탕

지천이 해초인 섬마을 상에는 건강한 해초가 가득하다. 톳을 바닥에 깔고 전복과 팽이버섯을 고명처럼 얹어 지어낸 밥을 잘 구운 김에 싸 전복장에 찍어 먹으면 어디서도 맛볼 수 없는 임자도 해초 밥상이 된다.

신안 임자도 시골의 백반집인데
가게가 너무 깨끗하고 정돈이 잘 되어 있다.
주인 자매도 하얀 피부에 넉넉한 인품이 전혀 이 섬사람 같지 않다.
음식은 서울 반가의 그것처럼 간이 아주 부드럽고 자극적이지 않다.
어떻게 남서해 바다에 이런 음식점이 있는지 알 수 없다.
전복 톳밥은 내가 좋아하는 재료 두 가지가 들어간 밥이라서
아주 흡족한 맛이다.
흠은 참기름을 많이 써서 밥맛보다 기가 더 센 듯해서 거북했다는 것.
그러나 다시 가고 싶은 집이다.
맛도 맛이지만 주인 자매랑 많은 이야기를 나누고 싶다.

한우 식당

피순대, 순댓국밥

전남 구례군 구례읍 봉성로 111
☎ 061-782-9617

운영시간
11:00-재료 소진 시
금요일에만 영업합니다.

주요메뉴
피순대, 순댓국밥

금요일에만 문을 열어 '금요 순대'라고 불리는 곳. 5일에 걸쳐 완성되는 순대는 피순대임에도 전혀 비리지 않고 부드러우며, 식어도 기름기가 없이 깔끔하고 담백하다. 육수도 진국이다.

세계 어느 곳에도 이렇게 영업하는 곳은 없다.
완전 배짱 순댓집이다. 일주일에 장사 준비 4일,
장사 하루, 휴식 하루. 일주일에 하루, 한 달에 사흘만 영업한다.
몸이 힘들면 음식이 변한다고 오직 금요일을 위해서 몸을 아낀다.
피순대와 국물이 맑은 순댓국은 최고다.

당치 민박 산장

산닭구이

전남 구례군 토지면 당치길 145
☎ 061-782-7949

운영시간
11:00-20:00
연중무휴

주요메뉴
산닭구이, 도토리묵, 파전

두릅, 매실, 양파, 깻잎, 고추 그리고 좀처럼 볼 수 없는 목이버섯 장아찌까지 밑반찬에 엄지 척. 다소 비싸지만 숯불에 익혀 쫄깃한 지리산 산닭구이에 고개가 끄덕여진다.

지리산 골짜기에서 토종닭을 구워준다.
간장을 베이스로 한 장아찌가 네 가지나 나온다.
경사가 급한 곳에 이런 음식점이 있다는 것이 신기하다.
여기까지 올라와서 구운 닭만 먹고 내려가는 것은 낭비다.
경치 좋고 공기 좋은 곳에서 하루를 머물면
우리가 그토록 찾아 헤매던 여유가 생기겠다.

가야 식당

시래깃국 백반

전남 구례군 구례읍 5일시장작은길 14
☎ 061-782-6406

운영시간
11:00-20:00
연중무휴

주요메뉴
시래깃국 백반

70년대로 돌아간 느낌의 허름한 식당의 6,000원 시래깃국 백반. 직접 채취해 무쳐내는 제철 나물과 김치에 멸치만 넣고 끓였다는 시래깃국의 맛이 푸근하고 참 맛깔지다.

구례를 가면 이 집을 가야 제대로 간 것이다.
68세 할머니의 손맛은 백반의 진수를 보여준다.
식대 6,000원 이상의 가치를 느끼게 한다.
음식점에 갈 때는 겉의 화려함과 그 속에
뭔가 있을 것 같은 사기에 속으면 안 된다.
이 집은 겉은 허름, 속도 허름.
하지만 맛은 빛난다.

함지박속 흑돼지

흑돼지 주물럭

전남 구례군 구례읍 중앙로 68
☎ 061-782-8880

운영시간
17:00-22:00
연중무휴

주요메뉴
흑돼지 주물럭, 흑돼지 삼겹살,
고등어 쌈밥

제주도 흑돼지만큼 깊은 풍미를 자랑하는 지리산 흑돼지를 맛깔나게 내는 집이다. 숙성 흑돼지고기에 특제 육수와 양념을 버무려 만든 주물럭은 구례의 깊은 맛에 흠뻑 취하게 한다.

뚝 왕대포

전어회 무침, 전어구이

전남 순천시 강변로 855-3
☎ 061-752-4739

운영시간
15:00-21:00

주요메뉴
전어회 무침, 전어구이, 서대회, 가오리

특이사항
테이블 4개의 작은 포장마차, 혼술하기에 좋은 곳.

오후 3시부터 6시간만 영업하는 숨은 맛집. 2월부터 6월은 생가오리찜, 7월부터 8월은 서대회, 9월부터 10월은 전어회와 전어구이를 맛볼 수 있다. 제철에 맞춰 가면 된다.

대원 식당

수라상, 대원상

전남 순천시 장천2길 30-29
☎ 061-744-3582

운영시간
11:30-22:00
구정, 추석 휴무

주요메뉴
수라상, 대원상

상다리가 휘어진다는 말은 이런 상차림이다. 열한 명의 주방 식구들이 일사분란하게 차려낸 육해공 반찬이 스무 가지가 넘는다. 필설로 표현하기에는 역부족인 순천 한정식의 자존심.

순천의 대표 음식점이다.

촬영 나오면 아침을 거르고 나온다.

이런 음식이 기다리고 있어서다.

이다음에 세 번 촬영을 더 하니까 조절해야 하는데 실패했다.

소화제를 먹더라도 이것을 어찌 남기고 가겠는가.

한우 식당

돼지국밥, 수육

전남 순천시 북문길 40
☎ 061-753-7878

운영시간
06:00-21:00
연중무휴

주요메뉴
돼지국밥, 수육

특이사항
국밥 2인 이상 주문시 수육 서비스가 제공됩니다.

20여 곳의 국밥집 가운데 손님의 발길이 단연 많은 집. 서비스로 내놓은 야들야들한 돼지고기 수육만으로도 이미 감동이다. 유독 깔끔하고 담백한 국물이 일품이다.

한우는 팔지 않는 국밥집이다.
이렇게 이쁘게, 맛있게 음식을 내는 국밥집은 처음이다.
감동이다. 주인의 성품이 이럴 것이다.
7,000원짜리 돼지국밥을 주문하면 삶은 돼지고기가 한 접시 나온다.
만 원짜리 지폐가 쓸모 있다는 걸 발견한 날이다.

갈마골 아구탕

청국장 아구탕

전남 순천시 장명3길 9
☎ 061-743-9106

운영시간
11:30-22:30
연중무휴

주요메뉴
청국장 아구탕, 아구찜

특이사항
'갈마골 아구찜'으로 검색 가능합니다.

자부심 강한 순천 사람들이 아낀다는 맛집이다. 청국장에 싱싱한 아구를 넣어 끓여낸 탕 속에서 건진 아구 간은 그냥 먹어도 좋지만 으깨 양념으로 먹으면 더 맛있다.

청국장과 함께 아구를 끓였다.
비린내를 잡기 위해서 청국장을 썼다는데 확실히 잡은 걸까?
매우 구수하다.
청국장 맛인가 싶었는데 으깬 아구 간 맛이었다.

민호네 전 전문점

칠게 튀김, 맛조개전, 명태머리전

전남 순천시 장평로 60
☎ 061-745-3302

운영시간
11:00-20:00
연중무휴

주요메뉴
칠게 튀김, 맛조개전, 명태머리전

특이사항
칠게 튀김은 장날(끝자리 2일, 7일)에만 판매합니다. 방문 전 확인하세요.

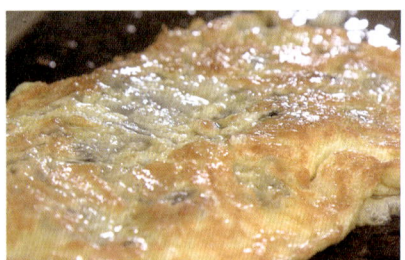

칠게 튀김의 고소한 맛을 볼 수 있는 집이다. 명태살전 못지않게 명태머리전은 특별한 맛이다. 칠게 튀김과 명태전에 막걸리 한 잔은 천상 궁합.

얘들아 너희들만 과자 있냐?
우리들도 과자 있다.

자봉 식당

시장 백반

전남 여수시 충무로 19
☎ 061-663-3263

운영시간
06:00-14:00

주요메뉴
시장 백반

새벽 어시장을 누비는 사람들의 허기진 배를 채워주는 6,000원짜리 황홀한 백반. 갓 버무린 배추김치와 열무김치, 곰삭은 갓김치와 파김치, 나물 반찬에 멸치 무침, 병어 조림에 콩나물국까지 가격도 행복한 백반이다.

6,000원짜리 백반이다.
반찬 좋고 반듯한 주인의 인상이 좋다.
매일 국이 바뀐다.
오늘은 늙은 호박국. 노란 호박의 달콤한 맛이 최고다.
여수를 뻔질나게 드나들면서 이곳을 몰랐다니 헛살았다.

남원 식당

깨장어탕

전남 여수시 관문1길 42
☎ 061-666-1766

운영시간
10:00-14:00
공휴일 휴무

주요메뉴
깨장어탕

깨장어 대가리와 뼈로 우려낸 육수에 삶은 시래기와 집 된장이 들어가는 고소한 깨장어탕, 돌산 갓김치와 무김치의 조합이 절묘하다. 해장국으로도 그만이다.

깨장어는 작은 장어를 말한다. 작다고 깔보지 마라.
여수 사람들은 작은 장어를 제일로 친다.
이 집은 깨장어탕이 전문이다.
맛이 기가 막힌다. 대부분의 맛집은 주인의 나이가 많다.
이 맛이 계속 지켜져야 할 렌데 걱정이 많다.

고래실

새조개 삼합, 새조개 샤브샤브

전남 여수시 여서동5길 8-1
☎ 061-651-3276

운영시간
전화 문의

주요메뉴
새조개 삼합, 새조개 샤브샤브,
돔바리회, 서대회

특이사항
새조개 삼합과 새조개 샤브샤브는
2월 한 달만 주문 가능합니다.

뜨겁게 달궈진 돌판에 빠르게 익혀내는 새조개, 새조개를 구워내고 남은 육즙에 선홍빛 돼지 목살을 지글지글 구워주고 씻은 묵은지에 마지막으로 들큰한 겨울 시금치까지 올려주면 새조개 삼합 완성.

새조개 삼합이 예술이다.
데친 새조개, 묵은지, 얇게 썬 돼지고기, 시금치, 마늘에
집된장을 얹어서 입안에 넣으면 각기 맛을 뻐기면서 경쟁한다.
주인장의 억지 표준말은 옥의 티다.

조일 식당

삼치회, 보리멸 튀김

전남 여수시 여문문화2길 61
☎ 061-655-0774

운영시간
16:00-22:00
연중무휴

주요메뉴
삼치회, 보리멸 튀김, 새우 튀김, 생선 튀김

두툼하게 썰어낸 삼치는 촉촉하고 부드러우면서 담백하다. 다진 마늘, 파, 간장, 고추장, 참기름을 섞은 양념장에 찍어 김에 싸 먹거나 와사비를 얹어 갓김치나 묵은 김치에 싸 먹어도 좋다.

삼치회만 1년 내내 취급한다.
2인 상에 4만 원이다.
가격으로 유지가 어렵지 않나 걱정이다.
보리멸 튀김이 이 집을 한층 우쭐하게 만든다.

정다운 식당

물메기탕, 물메기찜

전남 여수시 봉산1로 12
☎ 061-641-0744

운영시간
07:00~21:00
연중무휴

주요메뉴
물메기탕, 물메기찜, 쏨뱅이탕

특이사항
오전 11시부터 오후 1시 30분까지는
1인 식사가 불가능합니다.

30년 동안 여수 술꾼들의 성지로 통하는 이곳의 겨울 주 메뉴는 이방인에게는 생소한 물메기탕. 쎄미탕, 쏨뱅이탕, 메기찜, 대구탕 등 제철 탕이 최고다. 물메기탕은 겨울 음식.

봄에는 쎄미탕, 겨울에는 물메기탕이다.
찬과 탕이 매우 좋다.
생전 처음 물메기알젓과 물메기내장젓을 먹었다.
곧 세월에 밀려서 이사한다는데 좋은 곳에 안착하길 빈다.

복산 식당

새우살, 두루치기

전남 여수시 소라면 하세동길 17-2
☎ 061-683-8635

운영시간
11:00–22:00
일요일 휴무

주요메뉴
새우살, 두루치기, 등심, 육사시미

소 한 마리에서 얼마 안 나오는 상위 1퍼센트 새우살의 맛은 특별하다. 갓김치와 함께 큰 무가 통째로 나오는 무김치는 고기의 느끼한 맛을 잘 잡아준다. 신선한 육회, 등심, 불고기 두루치기, 돼지갈비도 있다.

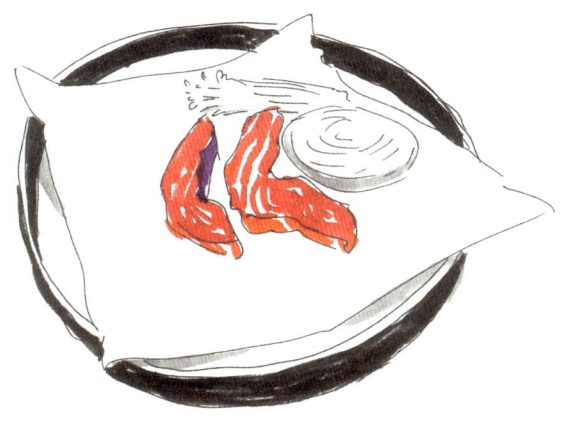

두루치기를 맛보러 갔다가 횡재했다.
소고기 새우살! 새우를 닮아서 지어진 이름인데
왜 지금까지 이 부위를 모르고 있었을까.
신대륙이었다.

해풍 게장

게장 백반, 아구찜

전남 여수시 신기남4길 26
☎ 061-681-7753

운영시간
11:00-20:00
일요일 휴무

주요메뉴
게장 백반, 아구찜, 오리 불고기

여수 와서 돌게장과 양념게장을 빼놓으면 섭하다. 간장 돌게장은 이틀을 숙성하고, 양념 돌게장은 양념만 숙성하고 게는 당일 싱싱한 것을 쓴다. 열다섯 가지가 넘는 반찬의 백반으로도 경쟁력이 있다.

미로 횟집

광어회

전남 여수시 시청서1길 8-2
☎ 061-682-3772

운영시간
17:00-22:00
일요일 휴무

주요메뉴
광어회, 농어회, 돔회

특이사항
단체 예약 시 일요일에도 영업 가능합니다.

대물 자연산 회를 원 없이 먹고 싶은 사람에게 강추. 두툼하게 썰려 나오는 대물 광어회와 넉넉한 방어회를 즐기려면 여수 바다를 통째로 길어 올린 화려한 사이드 메뉴는 적당히 먹어야 한다.

추억꺼리

장어머리구이

전남 여수시 신기남길 20-5
☎ 061-682-6377

운영시간
16:00-21:00
일요일 휴무

주요메뉴
장어머리구이

생선 대가리 전문점. 생선 대가리에 먹을거리가 얼마나 될 것인가 의심할 수 있지만 초벌찜 후 양념을 발라 오븐에 구워낸 장어 대가리는 제법 두툼하다. 술 한잔에 살을 파먹는 재미가 쏠쏠하다.

동서 식당

서대회, 낙지 전골

전남 여수시 장군산길 71
☎ 061-653-9251

운영시간
12:00-21:00
연중무휴

주요메뉴
서대회, 낙지 전골, 오리 불고기

여수가 자랑하는 토속 반찬은 기본. 서대의 식감을 살리려고 일부러 반쯤 얼려 막걸리 식초로 무친 게 이 집의 노하우. 육회 비빔밥보다 더 부드럽다는 서대회 비빔밥의 황금 비율은 밥 1 대 서대회 무침 2.

청운 식당

막창 순댓국, 냄비 비빔밥

전남 담양군 담양읍 담주1길 7
☎ 061-381-2436

운영시간
10:30-20:00
명절 휴무

주요메뉴
막창 순댓국, 냄비 비빔밥,
추어탕

새우젓이나 양념장을 더할 필요 없는 완벽한 국물의 조화. 죽염을 사용해 비린내를 잡은 피순대는 또 한번 놀라움을 선사한다. 이 집의 히든 카드는 자박자박 국물을 졸여낸 항정살 냄비 비빔밥.

지난번 국밥이 국밥의 종착점인 줄 알았드만 이곳에 또 있었구나.
만세! 만만세! 종착점은 자주 나타날수록 좋다.

원조 제일 숯불갈비

돼지 숯불갈비, 한우 떡갈비

전남 담양군 담양읍 마두길 4
☎ 061-381-1234

운영시간
10:00-21:00
(마지막 주문 20:00)

주요메뉴
돼지 숯불갈비, 한우 떡갈비

반찬으로 나온 새우젓과 매실 장아찌, 깻잎 장아찌, 삭힌 고추지 무침이 45년 돼지갈비 내공을 짐작케 한다. 양념한 돼지갈비를 석쇠에 구워 뜨거운 옥돌에 올려 손님에게 내주는 것이 담양의 전통.

돼지고기의 부드럽고 달달한 맛은
젓가락질을 멈추게 하지 못한다.
아, 나는 분명 마약을 먹고 있다.

목화 식당

가정식 백반

전남 담양군 담양읍 천변5길 3
☎ 061-383-7505

운영시간
07:30-13:00
연중무휴

주요메뉴
가정식 백반

특이사항
예약제입니다. 1인분 주문은 불가능합니다.

노부부의 자부심이 가득한 백반. 달래 무침과 냉이 무침 같은 제철 반찬과 함께 여수, 담양, 금산, 완도, 영광까지 각지에서 온 반찬이 맛나다. 직접 담근 저염 된장에 꽃게, 홍새우로 맛을 낸 찌개도 일품이다.

8,000원 백반 한 가지만 내놓는다.
79세 노부부가 30년째 운영 중이다.
맛과 정이 넘친다.
두 분의 기력이 떨어지기 전에 다시 와서 힘을 보태줄 일이다.
야야 정신 차려라. 너도 73세다.

부부 식당

누른 머릿고기, 닭곰탕

전남 담양군 담양읍 중앙로 18
☎ 061-382-0839

운영시간
11:00-14:30
연중무휴

주요메뉴
누른 머릿고기, 닭곰탕

특이사항
누른 머릿고기는 전날 예약해야 합니다.
점심에는 주류 판매를 하지 않습니다.

밑반찬은 둘째 치고라도 제육볶음에 조기구이, 가오리 무침, 붕어 조림까지 백반 한 상을 받으면 놀랍고 미안할 정도. 택시 기사님이 추천한 머릿고기를 주문하면 새우젓, 갈치속젓, 어리굴젓을 내주는데 어느 것에 먹어도 환상이다.

6,000원 백반에 5,000원 눌린 돼지고기.
2인분을 시키면 양이 어마무시하다.
인심 또한 특A급이다.
찬 그릇 비는 것을 용서 못한다.

미소 댓잎 국수

우렁이 죽순 비빔국수, 댓잎 물국수

전남 담양군 담양읍 객사3길 20
☎ 061-381-9789

운영시간
10:00-20:00
월요일 휴무

주요메뉴
우렁이 죽순 비빔국수,
댓잎 물국수, 다슬기 들깨 수제비

댓잎(대나무의 잎) 가루를 넣은 쫄깃한 생면은 기본. 국수 골목의 쟁쟁한 고수들과의 경쟁에서 살아남은 비결은 중멸치로 우려낸 담백한 육수와 비법 고명 양념장이다. 매콤새콤한 비빔국수는 우렁과 아삭한 죽순 고명으로 승부.

요즘은 사인회 때
핸드폰으로 꼭 사진을 찍는다.

서울 식당

막걸리 한 상

전북 전주시 덕진구 모래내5길 10-4
☎ 063-251-7093

운영시간
14:00-21:30

주요메뉴
막걸리 한 상

특이사항
막걸리 두 주전자 이상 주문 시 육회 및 주요 찬 추가 제공됩니다.
'서울집'으로 검색 가능합니다.

막걸리 한 주전자에 따라 나오는 그날그날 다른 재료를 맛볼 수 있는 반찬만 해도 스무 가지가 넘는다. 홍어애탕, 삶은 통오징어 등 한 메뉴 값만으로도 넘칠 만큼 푸짐하다.

2만 원에 막걸리 한 주전자를 사면
이 밥상이 딸려 나온다.

깻잎, 초장, 갑오징어, 육회 된장, 밤, 문어,
김치, 마늘, 풋고추, 깍두기, 고동, 메추리알, 전어회, 전어구이, 홍어회,
시사모, 눌린 고기, 홍어찌개, 새우젓 등등.

어떻게 그런 계산이 가능할까?

한참 만에 답을 찾았다. 그것은…
그렇다 해도 너무 푸짐한 곳이다.

하숙영 가마솥 비빔밥

가마솥 육회 비빔밥, 가마솥 비빔밥

전북 전주시 완산구 전라감영5길 19-3
☎ 063-285-8288

운영시간
11:00-20:00
일요일 휴무

주요메뉴
가마솥 육회 비빔밥, 가마솥 비빔밥, 육회

특이사항
'중앙회관'으로 검색 가능합니다.

전주를 대표하는 비빔밥집 중 한 곳으로 젊은이들 사이에서 인기 있는 집. 백반 못지않은 반찬에 색동저고리처럼 아름다운 비빔밥은 이 집만의 비법장을 넣어 비벼야 제맛이다.

요새 전주에서 뜨는 비빔밥집이다.
전주 비빔밥은 우리 비빔밥 중 제일 화려하지 않을까?
이 집의 욕심은 끝이 없다.
모든 식재료(쌀 제외)를 직접 만들어 상차림을 한다.
바로 지은 밥을 내어놓는 것도 좋다.
비빔밥의 맛도 썩 좋다.
흠이 있다면 비빔밥에 이미 반찬이 다 들어 있는데
상에 깔린 반찬이 열네 가지가 넘는다.
"넘치는 것은 부족함만 못하다"는 게 이런 말인가.
깔린 반찬이 비빔밥의 맛을 갉아먹고 있다.

진미집 본점

연탄 불고기, 꼬마 김밥

전북 전주시 완산구 노송여울2길 100
☎ 063-254-0460

운영시간
17:00-04:00
첫째, 셋째 일요일 휴무

주요메뉴
연탄 불고기, 꼬마 김밥

특이사항
점심까지만 영업합니다.

출출한 전주의 밤을 책임지고 있는 야식의 명가. 옛날 김밥과 돼지 불고기를 상추에 싸서 먹는 것이 이 집의 룰이다.

'진미집'이라는 상호는 아주 많다.
이 집은 가격도 그렇고 맛도 그렇고 최고다.
상추에 얹은 돼지불고기와 김밥의 조합은 상상하지 못했다.
전주가 맛있다는 소문을 확인했다.
맛있는 식탁을 만나면 발이 떨어지지 않는다.

태봉집

시래기 해장국, 복탕, 복찜

전북 전주시 완산구 전주객사5길 43-14
☎ 063-283-2458

운영시간
07:30-11:00

주요메뉴
시래기 해장국, 복탕, 복찜

특이사항
시래기 해장국은 오전 7시 30분부터 11시까지만 판매합니다.

메뉴에는 복탕, 복찜, 아구찜, 아구탕, 홍어탕 등이 있지만 시래기 해장국이 더 유명한 집이다. 아들의 숙취를 해소시켜주려고 끓인 시래기국을 단골들의 성화에 내놓게 되었단다.

집된장과 시래기의 흔한 만남인데 미묘한 맛 차이로
어머니의 얼굴과 겹쳐서 눈물이 고이게 만들었다.
어머니는 음식이고 음식은 어머니이다.

한벽집

민물매운탕

전북 전주시 완산구 전주천동로 4
☎ 063-284-2736

운영시간
10:00-21:00
명절 휴무

주요메뉴
쏘가리탕, 빠가탕, 메기탕

전주 천변에서 맛볼 수 있는 민물매운탕으로 사투리로 '오모가리탕'이라고 한다. 한옥 마을 어귀로 흐르는 천변을 바라보며 즐기는 맛이 일품이다.

빠가사리 매운탕.
주연은 빠가사리고 조연은 시래기인데
조연이 주연을 잡아먹어버렸다.
1년간 소금에 박아뒀다가 나온 시래기는
감탄할 수밖에 없는 맛을 뽐내고 있었다.

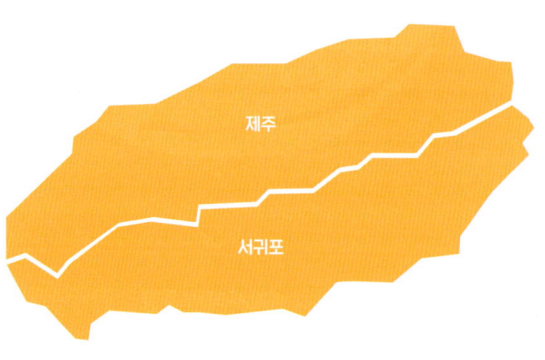

제주도

삼보 식당

옥돔구이, 옥돔뭇국

제주도 서귀포시 중정로 25
☎ 064-762-3620

운영시간
08:00-21:00
명절 휴무

주요메뉴
옥돔구이, 옥돔뭇국,
전복 뚝배기

물회와 해물 뚝배기로 유명하지만 단골들은 토박이 손맛의 뭇국을 찾는다. 품격 있는 생선 옥돔을 넣은 뭇국은 비리지도 않고 깔끔한 맛이 일품이다.

옥돔뭇국은 메뉴에 없다.
옥돔이 비싸고 귀해서 누구나 먹을 수 없기 때문이다.
서귀포에 있을 때면 아침에 꼭 먹는 국이다.
시원하고 달고 옥돔의 약간 비린 듯하면서도
고소한 맛을 한 숟가락에 올릴 수 있다.

복집 식당

갈칫국　　　　　　　　　　　　　　　

제주도 제주시 비룡길 5
☎ 064-722-5503

운영시간
10:30-21:00
연중무휴

주요메뉴
갈칫국, 매운탕, 고등어구이

한 장소에서 49년째 영업을 하고 있는 현지인의 맛집 복집 식당은 육지인에게는 생소한 갈칫국이 주 메뉴다. 비릴 거라는 편견은 NO, 생물 갈치만 고집하여 비린내 없이 시원하고 담백한 맛을 선사한다.

1969년 창업.
50년간 영업한 갈치구이와 갈칫국 전문집이다.
갈치구이도 맛있었지만 이놈 갈칫국.
건더기 말고 국물이 환장하게 맛있다.
자그마한 식당은 대부분 생활을 위해 시작했다고 보면 맞는데
그 때문에 이런 맛이 유지되었으니까 고맙다.

만덕이네

흑돼지구이, 흑돼지 두루치기

제주도 서귀포시 표선면
서성일로 16
☎ 064-787-3827

운영시간
하절기 07:00-21:30
동절기 07:30-21:00
연중무휴

주요메뉴
흑돼지구이, 흑돼지 두루치기

육지 돼지에 비해 구울수록 비계가 쫀득해지는 제주 흑돼지구이는 고사리를 기름에 함께 구워 먹는 것이 특징. 갈치 조림, 고등어 조림에도 어김없이 고사리가 듬뿍 들어간다.

이 집의 역사는 찌그러질 대로
찌그러진 알루미늄 바가지다.
어느 누구도 흉내 낼 수 없는 조각품이다.
맛을 위해 희생된 이 그릇에 경의를 보낸다.

오현 불백

한치 돼지 불백, 낙지 돼지 불백

제주시 성지로 58-2
☎ 064-724-2861

운영시간
10:00-21:00
토요일 휴무

주요메뉴
한치 돼지 불백, 낙지 돼지 불백,
소불고기 전골

제주도 동문시장에서 이미 유명한 이 집은 돼지 불백 기본에 한치 돼지 불백, 낙지 돼지 불백 메뉴가 인기 있다. 가오리 도라지 무침 등 계절에 따라 바뀌어 나오는 반찬도 훌륭하다.

한치를 넣은 돼지 불백.
한치가 쌀밥이면 오징어는 보리밥이다.
한치가 찰떡이면 오징어는 개떡이다.
이 얘기를 들으면 동해 쪽에서 뭐라고 할까.

보람 식당

옥돔 정식, 보말 미역국

제주 서귀포시 성산읍 일주동로 4697
☎ 064-782-2787

운영시간
11:00-19:00
휴식시간 14:00-17:00
수요일 휴무

주요메뉴
옥돔 정식, 보말 미역국

특이사항
회는 예약 손님에게만 제공되며, 생선은 계절에 따라 달라질 수 있습니다.

동네 식당처럼 허름하지만 7,000원 옥돔 정식에 돼지 두루치기와 옥돔구이를 포함하여 다양한 밑반찬이 나온다. 톳과 파래와 같은 해초는 주인이 직접 채취해 건강한 맛이 일품이다.

특이한 집이다.
바로 옆에 있는 바다에서 낚시한 생선을 회 쳐준다.
주인 아주머니는 내가 5년 전에 왔었단다.
사인한 걸 보고 알았다.
흔적은 피할 수 없는 증거다.
허영만의 내비게이션은 이렇게 완성되어간다.

막둥이 해녀 복순이네

물회, 성게칼국수

제주도 서귀포시 성산읍
서성일로 1129
☎ 064-783-2300

운영시간
10:30–16:00
토요일 휴무

주요메뉴
물회, 성게 칼국수

특이사항
사전 예약은 필수입니다.

해녀가 직접 물질해 판매하는 거라 날씨에 따라 물질을 못하면 그날 영업은 없다. 소라, 전복, 성게가 가득한 물회는 특미다.

예쁜 얼굴의 해녀(56세)가 막둥이란다.
고된 일을 물려받을 젊은이들이 없다.
물회, 우럭 조림, 성게 칼국수를 내왔는데
한가락 하는 솜씨다.
물회는 전국 중 제주도가 제일이다.

윌라라

피쉬 앤 칩스

제주도 서귀포시 성산읍
성산중앙로 33
☎ 010-8392-5120

운영시간
12:00-20:00
연중무휴

주요메뉴
피쉬 앤 칩스, 쉬림프 앤 칩스

주문과 동시에 신선한 생선을 가마솥에다 튀겨내는 피쉬앤칩스로 유명한 집이다. 하루 39세트만 준비하니 전화 예약은 필수.

호주에서 만난 두 청년이 뜻을 모아 만든 생선 튀김집.
길 쪽 의자에 앉아 행인을 보면서 먹는 것이 재미있다.
음식점에서 일하는 젊은이들을 보면 에너지를 느낀다.
희망이 엿보인다.

천짓골 식당

돔베고기

제주 서귀포시 중앙로41번길 4
☎ 064-763-0399

운영시간
18:00-22:00
(마지막 주문 21:00)
일요일 휴무

주요메뉴
돔베고기

돔베고기 전문점으로 소문난 이 집은 흑돼지, 백돼지 오겹살을 김치와 양념을 곁들여 내놓는다. 돼지 뼈를 우려낸 육수에 해초를 넣어 끓인 몸국은 마음까지 따듯하게 한다.

오후 4시부터 10시까지 영업한다.
손님들이 무척 많다.
고기에 대한 자부심이 가득하다.
술에 취하지 않고 돼지기름에 취했다.

나목도 식당

두루치기

제주도 서귀포시 표선면 가시로 613번길 60
☎ 064-787-1202

운영시간
09:00-20:00
첫째, 셋째 수요일 휴무

주요메뉴
두루치기, 순대 백반

빨간 양념에 버무려진 고기를 매콤달콤한 파 무침과 아삭한 식감의 콩나물을 올려 함께 볶아 먹는 두루치기와 검붉은 빛을 띠는 국물에 고춧가루와 부추가 얹어져 나오는 순대국수가 주 메뉴이다.

이렇게 살고 싶다.
혼자라도 음식 기행을 쓰면 외로울 시간이 없다.

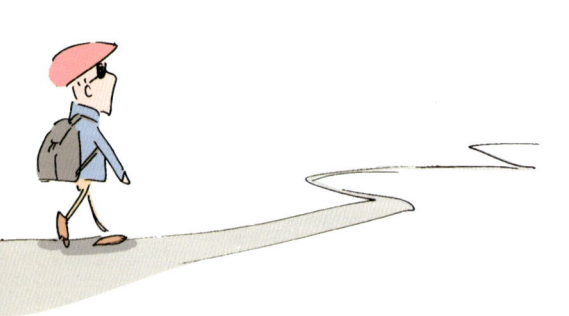

식객이 뽑은 진짜 맛집 200
식객 허영만의 백반기행

초판 1쇄 발행 2020년 5월 14일
초판 21쇄 발행 2025년 8월 31일(수정판)

지은이 허영만·TV조선 〈식객 허영만의 백반기행〉 제작팀

펴낸이 신민식
펴낸곳 가디언
출판등록 제2010-000113호

주 소 서울시 마포구 토정로 222 한국출판콘텐츠센터 419호
전 화 02-332-4103
팩 스 02-332-4111
이메일 gadian@gadianbooks.com

ISBN 979-11-89159-63-4 (14980)
      979-11-89159-64-1 (SET)

* 이 책의 전부 또는 일부 내용을 재사용하려면 사전에 가디언의 동의를 받아야 합니다.
* 책값은 뒤표지에 적혀 있습니다.
* 잘못된 책은 구입처에서 바꿔 드립니다.